RODRIGO LUIZ DOS SANTOS

PAPA FRANCISCO ÀS FAMÍLIAS

Os segredos para a conquista de um lar feliz!

2° EDIÇÃO

Canção Nova
EDITORA

Direção geral: Fábio Gonçalves Vieira

Editora: Daniela Costa Miranda

Capa: Tiago Muelas Filú

Diagramação: Spress Diagramação & Design

Preparação: Thuâny de Fátima Simões Ferreira dos Santos

Revisão: Tatianne Aparecida Francisquetti

Este livro segue as regras da Nova Ortografia da Língua Portuguesa.

Editora Canção Nova
Rua João Paulo II S/N - Alto da Bela
12630-000 Cachoeira Paulista SP
Telefone [55] (12) 3186-2600
e-mail:editora@cancaonova.com

Home page: http://loja.cancaonova.com

ISBN: 978-85-7677-482-2

Sumário

Apresentação

O caminho aberto pelo Papa Francisco, ao convocar a Igreja toda para um amplo debate sobre a família, não permite que nenhum de nós fique indiferente. É hora de redescobrir, reconstruir, redobrar a atenção, o cuidado, o cultivo, a celebração desse incomensurável presente divino à humanidade: a família.

Com intuição precisa, ou melhor, por inspiração divina, o Papa quis que houvesse dois Sínodos: um para conhecer a realidade da família em nível mundial e apontar as dificuldades e os pontos a esclarecer e debater, e outro para enfrentar os desafios. Todos, assim, fomos envolvidos num grande debate. Questões polêmicas foram estudadas e confrontadas sem receio, sem desprezar nenhum ponto de vista, dentro e fora da Igreja.

O Sínodo Ordinário teve os seus resultados publicados, inclusive com os números da aprovação, mostrando grande serenidade e consenso. O Santo Padre tem agora um quadro completo e complexo do que pensa a Igreja, e ele próprio, como Vigário de Cristo, poderá oferecer à Igreja e ao mundo um ensinamento sólido, uma leitura precisa, uma orientação clara sobre a família, tal como a humanidade necessita.

Com muita liberdade, o Papa deverá escrever uma mensagem ao mundo chamada "Exortação Pós-Sinodal". Pelo menos assim é que tem acontecido nos últimos cinquenta anos, após o Concílio Vaticano II.

Se não temos ainda em mãos essa palavra conclusiva do magistério do Papa Francisco, podemos, sim, entrever alguma coisa, sobretudo porque ele próprio, o Papa Francisco, se manifestou claramente nas catequeses semanais sobre o tema da família, apontando valores, mostrando caminhos, desenhando situações familiares muito sabiamente comentadas.

Estas catequeses estão reunidas aqui neste livro. Falam do papel dos pais, das mães, dos avós, dos jovens, das crianças, sempre com saborosa alegria e delicadeza, com sincera advertência e proféticas afirmações. Ouve-se no texto escrito até mesmo os acentos da sua voz. O Papa, que se divertiu por ser chamado de "Lolo Kiko – vovô Francisco" pela multidão reunida nas Filipinas, que desce do carro para abraçar um enfermo ou um idoso e pega no colo as crianças, com bom humor e sabedoria nos oferece, em suas catequeses, páginas de verdadeiro Evangelho familiar.

São quadros ricos de ensinamento. O Papa os criou com sua visão de Pastor de toda a Igreja, e Rodrigo Luiz dos Santos os colocou em molduras práticas para a leitura, tornando-os verdadeiros instrumentos de evangelização para a catequese domiciliar, para a reflexão nos grupos de famílias e de vizinhança e nos encontros pastorais ou mesmo para a leitura pessoal. Um alimento saboroso que vai bem na mesa das famílias. Então, bom apetite!

DOM JOÃO BOSCO, OFM
Presidente da Comissão da CNBB para a Vida e Família

Prefácio

Licença, obrigado, desculpa. Três palavras-chave da vida em família. Pela simplicidade que possuem, elas podem despertar risadas em quem as ouve, mas, quando esquecidas, as consequências podem ser ruins.

A correria do dia a dia faz com que desprezemos estas palavras, e então percebemos para onde a sociedade tem caminhado. Assim, atento aos novos desafios, Papa Francisco realizou uma série de catequeses para despertar a família para sua linda missão e vocação no mundo atual.

Alegria, unidade, doação, paciência, crescimento... Muitas palavras podem definir a convivência familiar. Uma estudante, ao ser estimulada a encontrar palavras que expressassem o que representa a família, concluiu que "confusão" é o melhor sinônimo. Realmente podemos dizer que a família é uma espécie de espelho da vida. De fato, "é bela porque não é harmoniosa", escreveu o inglês Gilbert Keith Chesterton. De acordo com este escritor cristão, a sanidade da família resulta das discrepâncias e diversidades próprias que ela enfrenta.

Meus votos são de que estas reflexões, baseadas nos ensinamentos do Santo Padre e direcionadas às famílias, nos ajudem a fazer um exame de consciência sobre o lugar que estamos dedicando aos nossos caros. O amor é a nossa missão!

Que a Sagrada Família nos inspire, para que, com nosso testemunho, possamos contribuir para que a Instituição Familiar seja colocada no lugar certo: no nosso coração, na nossa casa e também na nossa convivência civil. O ambiente familiar é muito rico e constitui uma vocação para o ser humano, além de um grande desafio.

Boa leitura!

Parte I

Os membros da família

Confrontar ideias para o bem das famílias, da Igreja e da sociedade[1]

Recebi a notícia do novo ciclo de catequeses sobre a família como uma resposta de Deus para o momento em que a sociedade está vivendo. Diante de tantos desafios enfrentados pela família cristã diariamente, como, por exemplo, a imposição de novos modelos, torna-se cada vez mais necessária a promoção do protótipo de família formado por pai, mãe e filhos.

No dia 10 de dezembro de 2014, Papa Francisco apresentou o ciclo sobre a família e explicou como aconteceu o Sínodo intitulado "Os desafios pastorais da família no contexto da nova evangelização" e os frutos que ele produziu. O Santo Padre direcionou sua explicação aos profissionais da comunicação que buscaram noticiar o Sínodo, porém, talvez por não estarem acostumados a fazer coberturas de notícias religiosas, muitos jornalistas abordaram o assunto com um viés político ou esportivo, sugerindo que na Igreja existem partidos ou times rivais: "Falava-se muitas vezes de dois times, pró e contra, conservadores e progressistas etc."

---

[1] 10 de dezembro de 2014.

Com seu jeito bem próprio, Papa Francisco desenvolveu a catequese de maneira muita espontânea e sem medo de fazer esclarecimentos. Disse que pediu aos padres sinodais – assim são chamados os bispos e cardeais convocados para participar do Sínodo – para falarem de maneira franca, corajosa e humilde aquilo em que pensavam.

Como bom jesuíta, Jorge Bergoglio tem um dom de discernimento apurado. Sabe que "quando se procura a vontade de Deus [...], há diversos pontos de vista e há a discussão, e isto não é uma coisa ruim!". Mas, se há uma coisa a que o Papa teme, é a censura aos outros, isso para ele não tem cabimento: "Seria uma coisa ruim a censura prévia. Não, não. Cada um devia dizer aquilo em que pensava."

No confronto, permaneceu e fortaleceu-se a convicção de verdades fundamentais do Sacramento do Matrimônio, como indissolubilidade, unidade, fidelidade e abertura à vida.

> Este foi o desenvolvimento da Assembleia sinodal. Alguns de vocês podem me perguntar: "Os padres brigaram?". Não sei se brigaram, mas que falaram forte, sim, é verdade. E esta é a liberdade, é justamente a liberdade que há na Igreja. Tudo aconteceu "*cum Petro et sub Petro*", isso é, com a presença do Papa, que é garantia para todos de liberdade e de confiança, garantia da ortodoxia. E no fim, com a minha intervenção, dei uma leitura sintética da experiência sinodal.

Sínodo é uma palavra grega que significa "fazer juntos o caminho" ou "caminhar juntos". O Papa Francisco completou dizendo que o Sínodo é um espaço onde o Espírito Santo tem liberdade de agir: "Devemos saber que o Sínodo não é um parlamento, vem o representante desta Igreja, desta Igreja, desta Igreja... Não, não é isto. Vem o representante, sim, mas a estrutura não é parlamentar, é totalmente diferente."

No Sínodo, os bispos têm a oportunidade de confrontar ideias, para o bem das famílias, da Igreja e da sociedade.

Oração e sexo: segredos de um casamento feliz

> Somos casados há 55 anos. Quando alguém me pergunta sobre o segredo do matrimônio, respondo que as estatísticas dizem que é rezar juntos. Sei que parece muito estranho, mas a oração é fundamental. Outro ingrediente que eu indicaria é o sexo. Devemos admitir que o sacramento do matrimônio é um sacramento sexual, no qual expressamos plenamente nossa espiritualidade no sexo, que, portanto, faz parte do grande dom de Deus para nós. Por isso, considero que faz parte deste segredo.[2]

[2] Depoimento de Ron e Marvis Pirola, casal australiano presente no Sínodo Extraordinário da Família em outubro de 2014.

Martírio materno: o papel da mãe[3]

Quando entraram na casa, viram o menino com Maria, sua mãe. Ajoelharam-se diante dele e o adoraram. (Mt 2,11a)

"Ser mãe é pura doação." Esta foi a conclusão a que minha esposa Adelita e eu chegamos depois que ela precisou ficar quase duas semanas em casa, afastada do trabalho, para cuidar de nosso filho de onze meses que estava com pneumonia. Eu, o maridão, precisei me ausentar por uma semana para um compromisso fora de nossa cidade. Graças a Deus, pudemos contar com o apoio de amigos, que foram muito prestativos nesses dias e a ajudaram muito. Porém, a renúncia de minha esposa ficou nítida, já que ela é uma mulher muito ativa e sente prazer no convívio profissional.

Trouxe esta partilha pessoal para entrarmos juntos na segunda catequese. Aqui, começo propondo uma pergunta para nossa reflexão: "O que escolhe uma mãe? Qual é a escolha de vida de uma mãe?".

[3] 7 de janeiro de 2015.

De acordo com o Papa Francisco, a resposta é a seguinte: "A escolha de vida de uma mãe é a escolha de dar a vida. E isto é grande, isto é belo." Achei pertinente começar este capítulo com o tema da maternidade, já que é a mãe quem gera e dá à luz os filhos. O Papa faz ainda uma comparação das mães com a Igreja mãe: "A nossa Santa mãe Igreja."

O evangelista Mateus escreve assim: "Quando entraram na casa, viram o menino com Maria, sua mãe. Ajoelharam-se diante dele e o adoraram" (Mt 2,11a). Maria, depois de sua gestação, apresenta o Filho ao mundo. Maria nos dá Jesus, nos mostra Jesus, nos faz ver Jesus.

Nas famílias, há sempre a presença da mãe. Todos nós devemos nossa vida a uma mãe, de quem nós herdamos a existência, a formação humana e espiritual. Artistas exaltam o papel materno por meio de poesias e músicas. Só que, no dia a dia, as mães nem sempre são escutadas e ajudadas; aproveita-se a disponibilidade delas de se sacrificarem pelos filhos para "economizar" nas despesas sociais.

Até mesmo comunidades cristãs que honram a Mãe de Jesus desvalorizam a mãe. O Papa Francisco alerta sobre a necessidade de compreender mais a luta cotidiana das mães para serem eficientes no trabalho e atentas e afetuosas na família.

O Santo Padre indica uma melhor compreensão do que elas aspiram para exprimir os melhores e mais autênticos frutos da sua emancipação: "Uma mãe com os filhos tem sempre problemas, trabalhos. Lembro-me de que, em casa, éramos cinco filhos e enquanto um fazia uma travessura, o outro fazia outra, e a minha pobre mãe corria de um lado para o outro, mas era feliz. Deu-nos tanto."

ANTÍDOTO CONTRA O INDIVIDUALISMO

"'Indivíduo' quer dizer 'que não se pode dividir'. As mães, ao contrário, 'dividem-se', a partir do momento que hospedam um filho para dá-lo à luz e fazê-lo crescer." Dessa forma, o Papa afirma que a maternidade é o antídoto mais forte para romper com a propagação do individualismo egoísta. Ser mãe não significa somente colocar no mundo um filho, mas é também uma escolha de vida.

O arcebispo Oscar Arnulfo Romero, beatificado em 2015, em El Salvador, dizia que as mães vivem um "martírio materno". Romero destacou a capacidade de uma mãe: "Sem temor, com a simplicidade do martírio materno, concebe no seu seio um filho, dá à luz a ele, amamenta-o, fá-lo crescer e cuida dele com carinho. É dar a vida. É martírio."

FÉ E TERNURA

As mães possuem uma enorme capacidade de transmitir ternura, principalmente nos momentos mais difíceis. São elas que humanizam a sociedade e ensinam aos filhos as primeiras orações e os primeiros gestos de devoção.

Bons católicos precisam ter filhos como coelhos?[4]

"Alguns perguntam se para serem bons católicos devem ser como coelhos..." A reflexão chamou a atenção da imprensa no mundo todo. Diante de publicações nas redes sociais sobre o assunto, um casal de amigos, cuja esposa gestava o quarto filho, se sentiu até constrangido; mas, para outros, soou como um "sinal verde" da Igreja Católica para a utilização de métodos contraceptivos e a condenação das assim chamadas "famílias numerosas". Porém, não foi bem assim que ocorreu. Vamos entender.

A afirmação foi dada durante uma entrevista concedida pelo Papa Francisco no avião, durante o retorno do Sri Lanka e das Filipinas. Após a chegada ao Vaticano, como de costume, depois de suas viagens, o Santo Padre apresentou um balanço da visita, marcada por encontros com a juventude e com as famílias.

Poderíamos citar aqui muitos momentos marcantes dos encontros na Ásia, mas vamos nos deter em esclarecer o discurso referente aos "coelhos":

[4] 21 de janeiro de 2015.

> [...] O senhor falou das muitas crianças nas Filipinas. Mas pesquisas apontam que a maioria dos filipinos acredita que o crescimento enorme da população filipina é uma das principais razões da pobreza do país, e em média uma mulher dá à luz mais de três crianças em sua vida, e a posição católica em relação à contracepção parece ser uma das poucas questões sobre as quais um grande número da população não concorda com a Igreja. O que o senhor pensa sobre isso?[5]

Papa Francisco recordou, diante da afirmação de Schmidt, que técnicos concordam que três filhos por casal contribuem para a manutenção da população. Ao ter menos filhos, acontece o que se vê em países como a Itália, onde pesquisas apontam que no ano 2024 não haverá mais dinheiro suficiente para pagar os aposentados. Frente a esse desafio, o Papa esclareceu que o ensinamento católico indica a paternidade responsável como palavra-chave para as famílias.

No caso de uma mulher que espera o oitavo filho, depois de ter passado por sete cesarianas, é uma irresponsabilidade. O Papa acrescentou que a paternidade responsável só é possível por meio do diálogo e que os casais precisam distinguir confiança em Deus dos meios que têm à disposição. Aí, sim, neste contexto, que agora está bem esclarecido aqui, Papa Francisco afirmou que ser bom católico não significa ser como coelhos, ou seja, ter muitos filhos.

---

[5] Pergunta do jornalista alemão Christoph Schmidt.

Uma curiosidade:

A coelha pode ter de três a seis ninhadas por ano. Cada gestação resulta em quatro a doze filhotes. A cada ano, podem nascer setenta filhotes. Considerando que eles vivem de cinco a dez anos, então, durante toda a vida, podem ter setecentos filhotes.

No entanto, a Igreja Católica ensina que "rejeitar a fecundidade" representa um pecado grave[6]. Para um casal católico que não está aberto à vida, esta gravidade é comparada ao adultério e à poligamia. Aí o leitor pode se perguntar: "Mas e a questão financeira?" O Papa Francisco conhece bem a realidade da pobreza, já que veio de uma família humilde e, até hoje, seus parentes vivem de modo modesto na periferia de Buenos Aires. "Para as pessoas mais pobres, um filho é um tesouro", esclarece o Santo Padre. Lógico, indicando sempre a prudência. Por isso indica a paternidade responsável aliada à generosidade de reconhecer cada filho como um tesouro.

> As famílias saudáveis são essenciais à vida da sociedade. Dá consolação e esperança ver tantas famílias numerosas que acolhem os filhos como um verdadeiro dom de Deus. Elas sabem que cada filho é uma benção. Ouvi dizer por alguns que as famílias com muitos filhos e o nascimento de tantas crianças estão entre as causas da pobreza. Parece-me uma opinião simplista. Posso dizer, todos podemos dizer, que a causa principal da

[6] *Catechismo della Chiesa Cattolica*, Compendio. Artigo 347. Milano: Edizioni San Paolo; Città del Vaticano: Libreria Editrice Vaticana, 2005.

> pobreza é um sistema econômico que tirou a pessoa do centro e colocou o deus dinheiro; um sistema econômico que exclui, exclui sempre: exclui as crianças, os idosos, os jovens sem trabalho... e que cria a cultura do descartável que vivemos. Estamos habituados a ver pessoas descartadas. Este é o motivo principal da pobreza, não as famílias numerosas.

COLONIZAÇÃO IDEOLÓGICA

Na viagem à Ásia, um alerta muito importante feito pelo Papa Francisco sobre a "colonização ideológica" passou quase que despercebido pela grande mídia. O assunto abordado no encontro com as famílias filipinas voltou à discussão na pergunta do jornalista alemão Jan-Christoph Kitzler. O tema é tão sério que Papa Francisco o comparou a uma ação nazista e, para esclarecer, deu um exemplo:

> Vinte anos atrás, em 1995, uma Ministra da Educação pediu um grande empréstimo para construir escolas para os pobres. Deram-lhe o empréstimo com a condição de que, nas escolas, houvesse um livro para as crianças de certo grau de escolaridade. Era um livro escolar, um livro didaticamente bem preparado, onde se ensinava a teoria do *gender*. Esta senhora precisava do dinheiro do empréstimo, mas havia aquela condição. Sagaz, disse que sim e fez preparar outro livro, tendo dado os dois, e assim resolveu o problema... Esta é a colonização ideológica: invadem um povo com uma ideia que não tem nada a ver com o povo: com *grupos* do povo, sim; mas não com o

> povo. E colonizam o povo com uma ideia que altera ou quer alterar uma mentalidade ou uma estrutura.

"É preciso também defender as famílias das novas colonizações ideológicas, que atentam à sua identidade e à sua missão", alertou o Pontífice. A partir de uma necessidade da população, tais ideologias encontram oportunidades de entrar e se fortalecer por meio das crianças.

Papa Francisco alertou que ditaduras do século passado, como a Juventude Hitleriana, fizeram o mesmo, causando sofrimentos e tirando a liberdade de muitas pessoas. Impérios colonizadores buscam tirar a identidade das pessoas e impor uma igualdade.

Ainda respondendo à pergunta de Kitzler sobre a afirmação de Paulo VI de que a abertura à vida é condição para o Sacramento do Matrimônio, Papa Francisco reafirmou a necessidade da abertura à vida para um casal receber esse Sacramento. Ele esclareceu que a crítica de Paulo VI não estava apenas relacionada a problemas pessoais, mas, sim, a um alerta ao neomalthusianismo universal, que traz como consequência a redução dos nascimentos na Itália e na Espanha para apenas 1%. Sobre tal problema, a resposta não é ter filhos em série, colocando em risco a vida da gestante e da criança.

Lição de casa para todos os dias

Papa Francisco, como bom jesuíta, indica aos pais o exercício do exame de consciência[7]: "Hoje sonhei com o futuro dos meus filhos? Hoje sonhei com o amor do meu esposo, da minha esposa? Hoje sonhei com os meus pais, os meus avós que fizeram a vida avançar até mim? É muito importante sonhar. Antes de mais nada, numa família, sonhem. Não percam esta capacidade de sonhar."

---

[7] Exame de consciência é uma revisão de pensamentos, palavras e ações, que tem por finalidade verificar a sua conformidade com a lei moral. Entre os cristãos, essa é geralmente uma revisão particular. O fundador dos jesuítas, Santo Inácio de Loyola, incluiu o exame de consciência em seus exercícios espirituais e apresentou duas formas diferentes de exames – específico e geral.

Pais ausentes[8]

Ana sofreu desde a infância com a ausência do pai. Quando ela tinha quatro anos, viu a separação de seus pais e a saída de seu pai de casa. A rachadura deixou marcas profundas, que precisaram ser tratadas com terapia psicológica. Hoje, Ana perdoou o pai e procura construir os laços que o tempo não firmou.[9]

O relato da personagem acima, a quem demos o nome de Ana, pode ser facilmente encontrado em muitos lares. De acordo com uma pesquisa do Instituto Brasileiro de Geografia e Estatística (IBGE), pelo menos 350 mil casais se divorciaram em 2011. Porém, não é necessário presenciar a saída do pai de casa, abandonando a mãe, ou vice-versa, para sofrer com a ausência paterna.

Outro problema são os filhos que não possuem em sua certidão de nascimento o nome dos pais. A Constituição

[8] 28 de janeiro de 2015.
[9] Relato fictício.

Brasileira e o Estatuto da Criança e do Adolescente garantem que incluir o nome do pai na certidão de nascimento é direito de toda pessoa. Porém o cenário mostra que cerca de 5,5 milhões de brasileiros em idade escolar não possuem o nome do pai na certidão.

Há ainda o desafio de pais que somente estão de "corpo presente" nos núcleos familiares. Estes fizeram tudo certinho: registraram seus filhos, estão com a esposa, trabalham, mantêm efetivamente mulher e filhos, porém deixam a desejar no aspecto afetivo, somando-se ao *ranking* dos pais ausentes.

Pai-patrão X órfãos de pai

O Papa Francisco disse que vivemos em uma "sociedade sem pais". Conclusão esta feita diante da figura simbólica do pai ausente, dissipada, removida da cultura ocidental.

Ao contextualizar seu discurso, o Santo Padre explicou que parte dessa mudança se deve à busca pela libertação da imagem do "pai-patrão", aquele que representava a lei e, com imposição, censurava a felicidade dos filhos e dificultava a emancipação e a autonomia dos jovens.

> Em algumas casas, reinava no passado o autoritarismo, em certos casos até mesmo a opressão: pais que tratavam os filhos como servos, não respeitando as exigências pessoais do crescimento deles; pais que não os ajudavam a empreender o seu caminho com liberdade; pais que não os ajudavam a assumir as próprias responsabilidades para construir o seu futuro e o da sociedade.

Em nossos dias, parece que a presença invasiva de pais não é mais um problema. É "oito ou oitenta". Os filhos sofrem com o outro extremo: a sua falta de ação. O trabalho e a busca pela realização individual acabaram roubando o espaço e o tempo da família, gerando, assim, crianças e jovens solitários.

> Já como bispo de Buenos Aires senti o sentido de orfandade que vivem os jovens; muitas vezes eu perguntava aos pais se brincavam com os seus filhos, se tinham a coragem e o amor de perder tempo com os filhos. E a resposta era ruim, na maioria dos casos: "Mas não posso, porque tenho tanto trabalho...". E o pai era ausente daquele filho que crescia, não brincava com ele, não, não perdia tempo com ele.

A preocupação do Papa Francisco tem um motivo muito sério:

> Essa ausência produz lacunas e feridas que podem se tornar muito graves. Desvios de personalidade, por exemplo, podem ser atribuídos a esta falta, à carência de exemplos e guias autoritárias em suas vidas de cada dia, de proximidade e de amor por parte dos pais. O sentido de orfandade que tantos jovens vivem é mais profundo que aquilo em que pensamos.
>
> São órfãos na família, porque os pais muitas vezes são ausentes, mesmo fisicamente, da casa, mas, sobretudo, porque, quando estão ali, não se comportam como pais, não dialogam com os seus filhos, não cumprem o seu papel educativo, não dão aos filhos,

com o seu exemplo acompanhado de palavras, aqueles princípios, aqueles valores, aquelas regras de vida de que precisam como precisam do pão. A qualidade educativa da presença paterna é tanto mais necessária quanto mais o pai é obrigado pelo trabalho a estar distante de casa. Às vezes parece que os pais não sabem bem qual posto ocupar na família e como educar os filhos. E, então, na dúvida, se abstêm, se retiram e negligenciam suas responsabilidades, talvez se refugiando em uma improvável relação "em pé de igualdade" com os filhos. É verdade que você deve ser "companheiro" do seu filho, mas sem esquecer que você é o pai! Se você se comporta somente como um companheiro em "pé de igualdade" com o filho, isto não fará bem ao menino.

Pais de verdade

Que o Pai Nosso, o Pai das Misericórdias, nos ensine a ser pais de verdade. Peçamos ao Filho Jesus para configurar nosso coração de acordo com o Seu coração.

Os jovens estão carentes de referências paternas. Eles se sentem órfãos de caminhos seguros a percorrer, órfãos de mestres em quem podem confiar, órfãos de ideais que aquecem o coração, órfãos de valores e de esperanças que os apoiam cotidianamente. Assim, tentam preencher este vazio com ídolos que lhes roubam o coração, sonhos que envolvem diversão e prazer, o deus dinheiro, e então não têm acesso às verdadeiras riquezas. "Não vos deixarei órfãos" (Jo 14,18), esta é a promessa de Jesus.

Pais presentes[10]

São José foi tentado a deixar Maria quando descobriu que ela estava grávida. Mas o anjo do Senhor intervém e lhe revela o desígnio de Deus e a sua missão de pai adotivo. Então José, homem justo, "toma consigo sua esposa"[11] e se torna o pai da família de Nazaré.

Se a ausência paterna tem consequências gravíssimas na vida de alguém, imagine quão benéfica e salutar é a presença de um pai na educação dos filhos. Sou pai e busco estar presente na vida do meu filho, oferecendo-lhe carinho afetivo e efetivo. Faço isso com alegria, vontade e prazer.

Antes de qualquer afirmação, Papa Francisco defende que "cada família precisa do pai". E por que o Santo Padre faz essa defesa logo no início de seu ensinamento? A explicação é feita a partir da Palavra de Deus, o Livro do Pai do Céu, aos filhos amados. Em Provérbios, há palavras que

---

[10] Audiência Geral – 4 de fevereiro de 2015.
[11] Mt 1,24.

um pai dirige ao próprio filho: "Meu filho, se o teu coração for sábio, alegrar-se-á contigo também o meu; meu íntimo se alegrará quando teus lábios falarem o que é reto" (Pr 23,15-16).

A citação bíblica expressa o orgulho e a comoção do pai que "reconhece ter transmitido ao filho um coração sábio"; portanto, algo que realmente conta na vida. Muitos pais caem na tentação de projetar no filho os próprios sonhos, buscando suprir suas frustrações. A felicidade do pai não está em repetir no filho as coisas que ele diz e faz. A felicidade paterna consiste em ver o filho agir com sabedoria, comovendo-se quando o vê falar com retidão.

Muitos genitores se preocupam, e com razão, com a herança que deixarão para sua prole. Um dos melhores patrimônios que se pode oferecer ao filho é a "atitude de sentir e agir, de falar e julgar com sabedoria e retidão". A transmissão deste tipo de herança custa equilíbrio entre proximidade, doçura e firmeza. Um pai sábio e maduro suspira profundamente e diz assim sobre seus filhos:

> E para que tu pudesses ser assim, te ensinei coisas que não sabias, corrigi erros que não vias. Fiz-te sentir um afeto profundo e ao mesmo tempo discreto, que talvez não reconheceste plenamente quando eras jovem e incerto. Dei a ti um testemunho de rigor e de firmeza que talvez não entendeste, quando quiseste somente cumplicidade e proteção. Precisei eu mesmo, primeiro, colocar-me à prova da sabedoria do coração e vigiar sobre os excessos de sentimento e do ressentimento, para levar o peso das inevitáveis incompreensões e encontrar

> as palavras certas para me fazer entender. Agora, quando vejo que procuras ser assim com os teus filhos, e com todos, me comovo. Sou feliz de ser teu pai.

Vale ressaltar que os filhos prestam atenção em tudo já desde a tenra idade, quando ainda se esforçam para balbuciar as palavras papai e mamãe. É muito importante que os filhos vejam e percebam que o pai e a mãe são apaixonados um pelo outro. Sinais que se tornam evidentes em pequenos gestos, como, por exemplo, quando os pais ficam aconchegados ao ver televisão, trocas de carinho ou um beijo ao chegar ou sair. Papa Francisco nos ensina:

> Que seja próximo à mulher, para partilhar tudo, alegrias e dores, cansaços e esperanças. E que seja próximo aos filhos em seu crescimento: quando brincam e quando se empenham, quando estão despreocupados e quando estão angustiados, quando se exprimem e quando ficam em silêncio, quando ousam e quando têm medo, quando dão um passo errado e quando reencontram o caminho; pai presente, sempre.

Uma das coisas que priorizo no dia a dia são as brincadeiras com meu filho. Elas são uma das mais importantes maneiras de possibilitar aos pequenos, que ainda não possuem o domínio da linguagem, expressar seus sentimentos. Portanto, brincar é a linguagem das crianças, principalmente das pequenas.

Na infância, o tempo livre que as crianças possuem para brincar é muito mais importante do que as atividades acadêmicas. O valor de uma brincadeira não deve ser subestimado. Brincar é tão importante no desenvolvimento infantil que é garantido no Estatuto da Criança e do Adolescente (ECA), promulgado em 13 de julho de 1990. Além disso, atividades lúdicas são reconhecidas pela ONU como um direito de toda criança. Brincar é saudável, reduz o estresse e o risco de obesidade, desenvolve habilidades cognitivas, físicas e sociais, além de ser muito divertido.

O Santo Padre alerta que ser presente não é o mesmo que ser controlador. "Porque os pais muito controladores anulam os filhos, não os deixam crescer", exorta Papa Francisco. Para ajudar a compreender o lugar do pai na família, ele orienta que a primeira necessidade é de que o pai seja presente.

O Pontífice ilustra essa presença paterna a partir do mosaico apresentado pelo evangelista Lucas, ao narrar a parábola do "Pai Misericordioso"[12]. O Evangelho narra o gesto de ternura e dignidade daquele pai na porta da casa, à espera do retorno do filho. "Os pais devem ser pacientes. Tantas vezes não há outra coisa a fazer senão esperar; rezar e esperar com paciência, doçura, magnanimidade, misericórdia", ensina o Papa.

Diante de um erro cometido, o pai deve corrigir o filho com firmeza. Porém, é um ato de sabedoria dispor-se a esperá-los e perdoá-los de coração.

---

[12] Cf. Lc 15,11-32.

> O pai que sabe corrigir sem degradar é o mesmo que sabe proteger sem se economizar. Uma vez ouvi em uma reunião de matrimônio um pai dizer: "Algumas vezes preciso bater um pouco nos filhos... mas nunca no rosto para não degradá-los". Que bonito! Tem sentido de dignidade. Deve punir, faz isso de modo justo, e segue adiante.

Uma das orações mais profundas e rezadas por cristãos do mundo inteiro é o "pai-nosso", ensinada por Jesus. Nós, pais, encontramos um grande aliado, que é o Pai do Céu, e temos o direito e o dever de recorrer à Sua graça para encontrar o apoio de que precisamos, especialmente nos momentos dos nossos fracassos ou dos fracassos de nossos filhos.

O colo paterno é o melhor lugar para nossos filhos quando eles retornam de seus insucessos. Claro que eles vão fazer de tudo para não admitir e para não mostrar as feridas. Só que eles precisam de alguém que enfaixe essas chagas, traga alívio à dor; e se não encontram esse colo do pai, as feridas tornam-se difíceis de curar.

SETE CONSELHOS PARA SER UM BOM PAI E CRESCER COM OS FILHOS

1. Ensine os filhos a ser sábios e livres.
2. O rigor e a firmeza devem estar acima da cumplicidade de proteção.

3. Busque ser presença na família e carinhoso com a esposa.
4. Não seja controlador.
5. Saiba esperar.
6. Aprenda a perdoar e a não humilhar.
7. Conte com a graça do Pai do Céu para viver bem a paternidade.

Filhos segundo o desígnio de Deus[13]

Lança um olhar em volta e observa: todos estes foram reunidos para virem a ti, teus filhos vêm de longe, tuas filhas carregadas ao colo. Então verás, e teu rosto se iluminará, teu coração vai palpitar e arfar, pois estarão trazendo a ti os tesouros de além-mar, aí chegarão as riquezas das nações. (Is 60,4-5)

O TRECHO CITADO ACIMA EXPRESSA A ALEGRIA "na reunificação entre pais e filhos, que caminham juntos rumo a um futuro de liberdade e de paz, depois de um longo tempo de privações e de separação, quando o povo hebreu se encontrava distante da pátria". Papa Francisco parte dessa citação bíblica para refletir sobre os filhos.

Infelizmente, muitos casais têm rejeitado a ideia de gerar filhos. E isso pode estar ocorrendo por diversos motivos – por opção, por medo de não conseguir educá-los ou por preocupação financeira. No Brasil, manchetes de

[13] 11 de fevereiro de 2015.

jornais parecem comemorar a notícia de que "famílias tradicionais deixam de ser maioria". Dados do IBGE, referentes a 2010, mostram que casas constituídas pelo pai, pela mãe e pelos filhos somam 49,9% no país contra outros tipos de constituições domiciliares, que representam 50,1%.

Diante desta realidade, Papa Francisco dá um "puxão de orelhas" nos casais cristãos que possuem apenas um filho por apego a uma vida cômoda e ainda dizem: "Não, não, mais de um filho não, porque não poderemos viajar de férias, ir a tal lugar ou comprar uma casa. [...] Queremos seguir o Senhor, mas até certo ponto. O bem-estar nos anestesia, despe-nos da coragem forte que nos aproxima de Jesus", denunciou em uma das primeiras homilias do seu pontificado.

O apelo do Santo Padre nos faz questionar novamente: "A família como vai?" Em 1994, essa pergunta foi lançada aos brasileiros durante a Campanha da Fraternidade (CF), promovida pela Conferência Nacional dos Bispos do Brasil (CNBB). Mais de vinte anos depois, sinais alertam para mudanças familiares. O Papa Francisco tem alertado para os baixos índices de natalidade na Europa. Na Itália, por exemplo, durante décadas, a taxa de natalidade tem permanecido abaixo do nível mínimo de reposição de 2,1 filhos por mulher.

A proposta da catequese do Papa Francisco é conscientizar as famílias a respeito do quão salutar é a chegada do filho e alertar para uma paternidade cada vez mais responsável.

Papa Francisco nos ensina:

> A alegria dos filhos faz palpitar o coração dos pais e reabre o futuro. Os filhos são a alegria da família e da sociedade. Não são um problema de biologia reprodutiva, nem um dos tantos modos de se realizar. E tampouco uma posse dos pais... Não. Os filhos são um dom, são um presente. Entendem? Os filhos são um dom. Cada um é único e irrepetível; e ao mesmo tempo inconfundivelmente ligado às suas raízes.

Papa Francisco afirma que ser filho e filha segundo o desígnio de Deus significa levar em si a memória e a esperança de um amor que se realizou iluminando a vida de um outro ser humano, original e novo. E para os pais, cada filho é único, é diferente, é diverso.

> Eu me lembro da minha mãe, dizia a nós – éramos cinco: "Mas eu tenho cinco filhos". Quando lhe perguntavam: "Qual é o teu preferido?", ela respondia: "Eu tenho cinco filhos, como cinco dedos [mostra os dedos da mão]. Se me batem neste, me faz mal; se me batem neste outro, me faz mal. Faz-me mal em todos os cinco. Todos são filhos meus, mas todos diferentes como os dedos de uma mão". E assim é a família! Os filhos são diferentes, mas todos filhos.[14]

O amor pelos filhos nos permite descobrir a dimensão mais gratuita do amor, que nunca deixa de nos surpreender. "Um filho é amado porque é filho: não porque é bonito,

---

[14] Papa Francisco partilha uma experiência familiar.

ou porque é assim ou assim; não, porque é filho! Não porque pensa como eu, ou encarna os meus desejos. Um filho é um filho: uma vida gerada por nós, mas destinada a ele, ao seu bem, ao bem da família, da sociedade, de toda a humanidade", explica o Papa.

Ser filho representa a beleza de ser amado primeiro, afirma o Papa:

> Os filhos são amados antes de chegarem. Quantas vezes as mães na praça me mostram a barriga e me pedem a benção... estas crianças são amadas antes de vir ao mundo. E esta é gratuidade, isto é amor; são amados antes do nascimento, como o Amor de Deus, que nos ama sempre primeiro. São amados antes de terem feito qualquer coisa para merecê-lo, antes de saber falar ou pensar, até mesmo antes de vir ao mundo! Ser filhos é a condição fundamental para conhecer o Amor de Deus, que é a fonte última deste autêntico milagre. Na alma de cada filho, porquanto vulneráveis, Deus coloca o selo deste amor, que está na base da sua dignidade pessoal, uma dignidade que nada e ninguém poderá destruir.

Honrar pai e mãe

Se, por um lado, há os deveres dos pais, por outro há o mandamento referente ao respeito que o filho deve ter para com eles. "Dos filhos é preciso saber reconhecer o valor e aos pais se deve sempre dar honra", ensina o Papa. Portanto, os filhos não devem temer abraçar o compromisso de construir um mundo novo. É justo aspirar um futuro melhor do que o recebido, só que "isto deve ser feito sem arrogância, sem presunção".

> O quarto mandamento pede aos filhos – e todos o somos! – para honrar o pai e a mãe[15]. Este mandamento vem logo depois daqueles que dizem respeito ao próprio Deus. De fato, contém algo de sagrado, algo de divino, algo que está na raiz de todo outro tipo de respeito entre os homens. E na formulação bíblica deste quarto mandamento, acrescenta-se: "Para que se prolonguem os teus dias na terra que o Senhor teu Deus te dá". A ligação virtuosa entre as gerações é garantia de futuro, e é garantia de uma história realmente humana. Uma sociedade de filhos que não honram os pais é uma sociedade sem honra; quando não se honram os pais se perde a própria honra!

Francisco alerta que desprezar esse mandamento divino pode gerar uma sociedade cheia de jovens áridos e ávidos. O Papa usa a expressão "sociedade avarenta de gerações" para definir a atual sociedade, que ele considera deprimida por não amar estar rodeada de filhos, considerando-os sinônimo de preocupação, peso, risco.

> Pensemos em tantas sociedades que conhecemos aqui na Europa: são sociedades deprimidas, porque não querem os filhos, não têm os filhos, o nível de nascimento não chega a um por cento. Por quê? Cada um de nós pense e responda. Se uma família generosa de filhos é olhada como se fosse um peso, há algo errado! A geração dos filhos deve ser responsável, como ensina

---

15 Cf. Ex 20,12.

> também a Encíclica *Humanae Vitae*, do Beato Papa Paulo VI, mas ter mais filhos não pode se tornar automaticamente uma escolha irresponsável. Não ter filhos é uma escolha egoísta. A vida rejuvenesce e conquista energias multiplicando-se: se enriquece, não se empobrece! Os filhos aprendem a cuidar da própria família, amadurecem na partilha dos seus sacrifícios, crescem na apreciação dos seus dons. A agradável experiência da fraternidade anima o respeito e o cuidado dos pais, aos quais é preciso o nosso reconhecimento. Tantos de vocês aqui presentes têm filhos e todos somos filhos.

Reze em silêncio

Depois desse ensinamento, o Santo Padre propõe um minuto de silêncio, para que pais pensem nos filhos, e filhos pensem nos pais:

> Cada um de nós pense no seu coração nos próprios filhos – se tem –, pense em silêncio. E todos nós pensemos nos nossos pais e agradeçamos a Deus pelo dom da vida. O Senhor abençoe os nossos pais e abençoe os seus filhos. [...] Jesus, o Filho eterno, feito filho no tempo, ajude-nos a encontrar o caminho de uma nova irradiação desta experiência humana tão simples e tão grande que é ser filho. No multiplicar-se das gerações há um mistério de enriquecimento da vida de todos, que vem do próprio Deus. Devemos redescobri-lo, desafiando o preconceito; e vivê-lo, na fé, em perfeita alegria. E lhes digo: quão belo é quando passo em meio a vocês e vejo os pais e as mães que levantam seus filhos para serem abençoados; isto é um gesto quase divino. Obrigado porque o fazem!

Idosos e seu lugar na sociedade[16]

A qualidade de uma sociedade, gostaria de dizer de uma civilização, se julga também pelo modo como os idosos são tratados e pelo lugar reservado a eles no viver comum. (Bento XVI)[17]

Quando se fala de idosos, nós, que somos jovens, temos a impressão de que se trata de algo muito distante. Porém, se pararmos apenas um instante, verificaremos que em menos de trinta ou quarenta anos faremos parte desse grupo.

"O idoso somos nós: em breve, em muito tempo, inevitavelmente, de qualquer maneira, mesmo se nós não pensamos nisso. E se nós aprendemos a tratar bem os idosos, assim nos tratarão", ensina o Papa Francisco em sua catequese sobre os idosos.

Dados do IBGE apontam que, em 2030, pessoas com sessenta anos ou mais serão maioria, se comparadas ao grupo de crianças com até catorze anos. Em 2055, a participa-

---

16 Audiência Geral – 4 de março de 2015.

17 Palavras claras e proféticas de Bento XVI durante visita a uma casa para idosos, em 12 de novembro de 2012.

ção de idosos na população total será maior que a de crianças e jovens com até 29 anos.

No Brasil, a Secretaria de Direitos Humanos vê com otimismo esse crescimento e reconhece que uma das maiores conquistas culturais de um povo em seu processo de humanização é o envelhecimento de sua população, refletindo uma melhoria das condições de vida.

O Papa Francisco também comemora a velhice e exalta os progressos da medicina que possibilitaram o prolongamento da vida, mas reconhece que "a sociedade não se 'alargou' à vida!":

> O número de idosos se multiplicou, mas as nossas sociedades não se organizaram o suficiente para dar lugar a eles, com justo respeito e concreta consideração por sua fragilidade e sua dignidade. Enquanto somos jovens, somos induzidos a ignorar a velhice, como se fosse uma doença a manter distante; depois, quando nos tornamos velhos, especialmente se somos pobres, se estamos doentes, sozinhos, experimentamos as lacunas de uma sociedade programada sobre a eficiência, que consequentemente ignora os idosos. E os idosos são uma riqueza, não podem ser ignorados.

O Papa Francisco demonstra reverência aos anciãos. Tanto que manifesta assim seu respeito ao Emérito Bento XVI: "É como ter um avô em casa, é meu pai e gosto muito dele." Recorre a palavras claras e proféticas de Joseph Ratzinger para expressar o valor dos idosos: "A qualidade de uma civilização se julga também pelo modo como os idosos são tratados e pelo lugar reservado a eles no viver comum."

Perante esta afirmação, reflitamos se a sociedade tem dedicado atenção adequada aos idosos. Eles têm espaço? A resposta a estas interrogações dá uma perspectiva do futuro, que, por sua vez, só chegará se soubermos respeitar a sabedoria que a idade acumula. Se em uma sociedade, em vez de respeito, há o descarte dessas pessoas, porque são consideradas criadoras de problemas, corre-se o risco de caminhar para a morte.

A realidade que o IBGE mostrou sobre o Brasil é reflexo da situação do Ocidente. Estudiosos apresentam o século atual como o século do envelhecimento: os filhos diminuem, os velhos aumentam.

O Papa Francisco alerta para o desequilíbrio causado e para o que esse grande desafio representa para a atualidade. Exorto sobre a cultura do lucro, que insiste em fazer os velhos parecerem um peso, acabando por serem descartados.

> Já no ministério de Buenos Aires, vi de perto esta realidade com os seus problemas: "Os idosos são abandonados, e não só na precariedade material. São abandonados na egoísta incapacidade de aceitar os seus limites que refletem os nossos limites, nas numerosas dificuldades que hoje devem superar para sobreviver em uma civilização que não permite a eles participar, ter uma palavra a dizer, nem de ser referência segundo o modelo consumista do 'somente os jovens podem ser úteis e podem desfrutar'. Estes ido-

> sos deveriam, em vez disso, ser, para toda a sociedade, a reserva de sabedoria do nosso povo. Os idosos são a reserva de sabedoria do nosso povo! Com quanta facilidade se coloca para dormir a consciência quando não há amor!". E assim acontece. Eu recordo que, quando visitava as casas de repouso, falava com cada um e tantas vezes ouvi isso: "Como a senhora está? E os seus filhos? – Bem, bem. – Quantos filhos a senhora tem? – Tantos. – E eles vêm visitá-la? – Sim, sim, sempre, sim, vêm. – Quando vieram pela última vez?". Recordo uma idosa que me dizia: "Foi no Natal". Estávamos em agosto! Oito meses sem ser visitada pelos filhos, oito meses abandonada! Isto se chama pecado mortal, entendido? Uma vez, quando criança, a avó nos contava uma história de um avô idoso que, ao comer, se sujava porque não podia levar bem a colher com a sopa à boca. E o filho, o pai da família, decidiu tirá-lo da mesa comum e fez uma mesinha em uma cozinha, onde não podia ser visto, para que comesse sozinho. E assim não daria uma má impressão quando chegassem os amigos para almoçar ou jantar. Poucos dias depois, chegou a casa e encontrou o seu filho menor, que brincava com a lenha, o martelo e os pregos, fazendo alguma coisa ali, disse: "O que você está fazendo? – Faço uma mesa, papai. – Uma mesa, para quê? – Para você ter uma quando se tornar idoso, assim você pode comer ali". As crianças têm mais consciência que nós!

A Igreja oferece aos cristãos uma tradição rica de sabedoria e incentiva a proximidade e o acompanhamento afetuoso e solidário nesta parte final da vida. Esta herança encontra raízes nas Sagradas Escrituras: "Não te escape o que contam os velhos, pois eles o aprenderam de seus pais:

deles aprenderás a inteligência e a arte de responder na hora oportuna" (Eclo 8,11-12).

Lição de casa:

Desperte o sentido coletivo de gratidão, apreço, hospitalidade, para que o idoso sinta que é parte viva da sua comunidade. Os idosos são homens e mulheres dos quais nós recebemos muito. A comunidade cristã que não considera indispensáveis a proximidade e a gratuidade perde sua alma. "Onde não há honra para os idosos, não há futuro para os jovens", conclui o Papa Francisco.

IDOSOS: VALOR E MISSÃO[18]

Uma civilização onde não se reza mais é uma civilização onde a velhice não tem mais sentido. E isso é terrível, nós precisamos antes de tudo de idosos que rezam, porque a velhice nos é dada para isso. (Olivier Clément)[19]

SE NO TEXTO ANTERIOR MOSTRAMOS os desafios em relação aos idosos, chegou o momento de ressaltar o valor e a importância dos avós na família. É interessante perceber que o Papa Francisco diz identificar-se com essas pessoas por pertencer a essa faixa de idade.

Durante a viagem que realizou às Filipinas, em janeiro de 2015, o Santo Padre foi recebido como o Vô Chico. No idioma local, os filipinos o saudavam dizendo *Lolo Kiko*, que quer dizer vovô Francisco.

Muitos idosos vivem com um certo medo de serem descartados por seus familiares, já que a sociedade os trata assim. Mas esse medo atinge também os jovens. Não ter

[18] 11 de março de 2015.
[19] Olivier Clément, grande crente do século passado, de tradição ortodoxa.

saúde, apresentar limitações físicas e problemas de memória, solidão e preocupações financeiras estão entre os principais receios do brasileiro em relação à velhice, segundo pesquisa realizada em julho de 2015 pelo Instituto Qualibest, que constatou que 90% da população tem medo de envelhecer. As complicações de saúde aparecem no topo das respostas dos 989 entrevistados. Os percentuais mais altos aparecem nos grupos mais jovens, entre 18 e 35 anos.

"O Senhor não nos descarta nunca. Ele nos chama a segui-Lo em cada idade da vida, e mesmo a velhice contém uma graça e uma missão, uma verdadeira vocação do Senhor", conforta o Papa.

Francisco dá orientações claras sobre a melhor maneira de encarar a melhor idade:

> A velhice é uma vocação. Não é ainda o momento de "tirar os remos do barco". Este período da vida é diferente dos precedentes, não há dúvida; devemos também "criá-lo" um pouco, porque as nossas sociedades não estão prontas, espiritualmente e moralmente, para dar a isso, a esse momento da vida, o seu pleno valor. Uma vez, de fato, não era assim normal ter tempo à disposição; hoje é muito mais. E mesmo a espiritualidade cristã foi pega um pouco de surpresa e se trata de delinear uma espiritualidade das pessoas idosas. Mas graças a Deus não faltam os testemunhos de santos e santas idosos!

O Papa Francisco afirmou que havia ficado impressionado com as histórias que ouviu durante o encontro de idosos que aconteceu na Praça São Pedro, em 28 de setembro de 2015. Um destes testemunhos foi o do casal Guido e Ernesta: “É um amor que cresceu mesmo nos últimos anos, desde quando Ernesta estava em uma cadeira de rodas. Também nesta manhã acordamos juntos. Agora ela está na poltrona, rezando conosco de casa”[20].

Outro testemunho foi o do casal iraquiano Mubarak e Aneesa, juntos há 51 anos. Eles relataram o sofrimento por terem sido obrigados a deixar Mosul, no Iraque, porque tinham sido ameaçados pelo Estado Islâmico: “Queremos dizer com o nosso testemunho que a guerra é realmente uma loucura e esperamos que o mundo aprenda com esta lição”, destacaram, após viverem em condições difíceis no cenário da guerra.

Em sua catequese, Papa Francisco enfatiza a importância de mostrar exemplos de fidelidade aos jovens. Então, ele recorda a passagem de Simeão e Ana, do Evangelho de Lucas:

> Certamente eram idosos, o velho Simeão e a profetisa Ana, que tinha 84 anos. Aquela mulher não escondia a sua idade! O Evangelho diz-nos que todos os dias esperavam a vinda de Deus, com grande fidelidade, havia muitos anos. Queriam realmente ver aquele dia, captar os seus sinais, intuir o seu início. Talvez já se tivessem, um pouco, resignado a morrer antes: no entanto, aquela longa expectativa continuava a ocupar toda a vida deles, e não tinham compromissos mais importantes do que este: esperar o Senhor e rezar. Pois bem, quando Maria e José chegaram ao templo para

[20] Guido Spigalia, 92 anos. Casado há 62 anos com Ernesta.

> cumprir os preceitos da Lei, Simeão e Ana apressaram-se, animados pelo Espírito Santo (cf. Lc 2,27). O peso da idade e da espera esvaeceu num instante. Eles reconheceram o Menino e descobriram *uma nova força, para uma renovada tarefa:* dar graças e testemunhar este Sinal de Deus. Simeão improvisou um lindo hino de júbilo (cf. Lc 2,29-32) – naquele momento foi um poeta – e Ana tornou-se a primeira pregadora de Jesus: Falava de Jesus a todos aqueles que, em Jerusalém, esperavam a libertação (Lc 2,38).

Idosos que rezam

O convite do Santo Padre é para que os avós sigam os passos dos anciãos extraordinários da tradição cristã e cultivem o gosto por procurar e tomar posse daquelas passagens ensinadas pela Palavra de Deus. A Igreja precisa de idosos que rezam.

O Pontífice destaca afirmando que esse tipo de oração é uma riqueza:

> Uma grande injeção de sabedoria também para toda a sociedade humana: sobretudo para aquela que está muito ocupada, muito presa, muito distraída. Alguém deve, então, cantar, também para eles, os sinais de Deus, proclamar os sinais de Deus, rezar por eles! Olhemos para Bento XVI, que escolheu passar na oração e na escuta de Deus a última etapa de sua vida!

Entre as orações que os idosos podem fazer, o louvor a Deus pelos benefícios recebidos preenche o vazio da ingratidão que os circunda. Podem interceder pelas expectativas das novas gerações. Com sua postura e conselho, recordam aos jovens ambiciosos que uma vida sem amor é uma vida árida. Aos amedrontados, que a angústia do futuro pode ser vencida. Aos apaixonados por si mesmos, que há mais alegria em dar do que em receber. A oração de súplica e o canto de louvor de avôs e avós formam o "coro" permanente de um grande santuário espiritual para apoiar a comunidade que trabalha e luta no campo da vida.

Voltando ao assunto do medo de envelhecer, o levantamento[21] mostrou que os cuidados com a saúde passam a ser adotados de forma mais intensa após a faixa dos 51 anos: 58% têm uma alimentação saudável e 41% praticam atividades físicas. Entre as pessoas de 18 a 25 anos, são 39% e 31%, respectivamente. Para 77% dos entrevistados, é nessa faixa etária que as pessoas devem começar a se preocupar com a alimentação. Daí a importância de cultivar também a espiritualidade para se envelhecer bem.

"A oração purifica incessantemente o coração. O louvor e a súplica a Deus previnem o endurecimento do coração no ressentimento e no egoísmo", recorda o Papa. Ele, ainda, alerta para o quão ruim é o cinismo de um idoso que perdeu o sentido do seu testemunho, despreza os jovens e não comunica a sabedoria de vida. Por outro lado, ressalta como é bonito o encorajamento que o idoso consegue transmitir ao jovem em busca do sentido da fé e da vida.

---

[21] Pesquisa realizada em julho de 2015 pelo Instituto Qualibest.

"As palavras que a minha avó me entregou por escrito no dia da minha ordenação sacerdotal, as levo ainda comigo, sempre, no breviário, e as leio e me faz bem", revela Papa Francisco, ao enfatizar que os conselhos dos avós têm algo de especial para os jovens.

Irmãos: apelo de fraternidade no mundo[22]

Oh! como é bom, como é agradável os irmãos morarem juntos! É como óleo precioso sobre a cabeça, que escorre pela barba, pela barba de Aarão, e desce sobre a gola do seu manto. É como o orvalho do Hermon, descendo sobre os montes de Sião. Pois é lá que o Senhor dá a bênção e a vida para sempre. (Sl 133)

A sociedade se tornou enrijecida e impulsionada pela burocracia e pelo excesso da técnica. Ela possui a necessidade de viver a experiência da fraternidade. Reconhecer o outro como irmão ajudará para que a liberdade e a igualdade tomem suas corretas entonações. Daí, a importância de se promover a beleza da experiência fraterna na família.

Há um grande apelo por fraternidade no mundo. Acredita-se que se as pessoas se reconhecessem como irmãos, muitas barreiras não existiriam ou as relações seriam

22 18 de fevereiro de 2015.

menos complicadas e a solidariedade teria voz mais ativa diante da necessidade do nosso próximo.

Mas por que razão não conseguimos olhar, perceber e agir considerando o outro nosso irmão? Os vínculos fraternos são profundos e constituem laços que nos sustentam por toda a vida. Porém, quando a relação fraterna se arruína, abre-se espaço para experiências dolorosas de conflito, de traição, de ódio. É possível perceber essa fragilidade na passagem bíblica de Caim e Abel.

Infelizmente, um exemplo negativo. Depois do assassinato de Abel, Deus pergunta a Caim: "Onde está Abel, o teu irmão?"[23]. Tal pergunta continua a ressoar até os dias atuais. O Senhor repete a cada geração. E a dramática resposta de Caim não cessa de se repetir também: "Não sei. Sou talvez eu o protetor do meu irmão?"[24].

Como é triste e feio quando o vínculo entre irmãos se quebra, quando ouvimos notícias de finais trágicos desses conflitos. Quanto sofrem um pai e uma mãe por causa das brigas entre irmãos motivadas por coisas pequenas ou por herança; muitos deixam de se falar, nem se saúdam mais. Certamente, você conhece alguma família em que irmãos vivem divididos, não é mesmo? Diante desta realidade, o Santo Padre nos convida a rezar:

---

[23] Gn 4,9a.

[24] Gn 4,9b.

> Pensemos um pouco: todos conhecemos famílias que têm irmãos divididos, que brigaram; peçamos ao Senhor por essas famílias – talvez na nossa família haja alguns casos –, que Ele os ajude a reunir os irmãos, a reconstituir a família. A fraternidade não deve ser cortada, e quando se corta acontece o que aconteceu com Caim e Abel. Quando o Senhor pergunta a Caim onde está o seu irmão, ele responde: "Mas eu não sei, a mim não importa o meu irmão". Isso é brutal, é uma coisa muito dolorosa de se ouvir. Nas nossas orações sempre rezemos pelos irmãos que se dividiram.

Jamais percamos a confiança de que a fé pode realizar e renovar esta experiência, iluminada pela benção de Deus. Vejamos como é grande a fraternidade. "Quando se pensa que todos os irmãos habitaram o ventre da mesma mãe durante nove meses, vêm da mesma carne da mãe! E não se pode romper a fraternidade", recorda o Papa Francisco. Graças à experiência familiar, "irmão" e "irmã" são palavras muito amadas do cristianismo, compreendidas por todas as culturas e em todas as épocas.

A Palavra de Deus canta a beleza da ligação fraterna: "Oh! como é bom, como é agradável os irmãos morarem juntos!" (Sl 133,1). Na história do povo de Deus, a ligação fraterna tem um lugar especial. Afinal, é nesta experiência humana que o Senhor quis revelar Sua presença. Tanto é verdade que "Jesus Cristo levou à sua plenitude esta experiência humana de ser irmãos e irmãs, assumindo-a no amor trinitário e potencializando-a de forma que vá bem além das ligações de parentesco e possa superar todo muro de estranheza", conforme diz o Papa.

Lições da fraternidade

Pensemos, por exemplo, nas famílias grandes. Meus avós paternos, Rosa e Alencar, por exemplo, tiveram doze filhos – seis homens e seis mulheres. Os maiores ajudavam o pai e a mãe a cuidar dos menores. A família torna-se espaço de afeto, preocupação, paciência para com o irmãozinho ou a irmãzinha mais frágil, doente ou portador de necessidades especiais.

Certa ocasião, ao encontrar membros da Associação de Famílias Numerosas da Itália, Papa Francisco recordava o valor da experiência de fraternidade:

> [...] cada um de vocês é fruto exclusivo do amor, vindos do amor e crescidos no amor. Vocês são únicos, mas não só! E o fato de terem irmãos e irmãs é bom para vocês: os filhos e filhas de uma numerosa família são mais capazes de comunhão fraterna desde a infância. Em um mundo muitas vezes marcado pelo egoísmo, a família numerosa é uma escola de solidariedade e de partilha; e essas atitudes são, portanto, para o benefício de toda a sociedade. Obviamente, a família para viver esta sua vocação deve contar não só com a "aldeia" de seus amigos, mas com o apoio efetivo de políticas familiares e com a proximidade da comunidade eclesial.

O clima de educação familiar aberta aos outros se torna uma grande escola de liberdade e de paz. Na família, aprendemos com nossos irmãos como devemos viver na sociedade. "Talvez nem sempre sejamos conscientes disso, mas é justamente a família que introduz a fraternidade no mundo! A partir dessa primeira experiência de fraternidade, alimentada pelos afetos e pela educação familiar, o estilo de fraternidade se irradia como uma promessa sobre toda a sociedade e sobre as relações entre os povos", enfatiza o Santo Padre.

Entre os frutos que emanam da relação fraterna, somos agraciados por Deus, em Jesus Cristo, com uma benção que dilata este vínculo de fraternidade de um modo inimaginável, tornando-o capaz de ultrapassar toda diferença de nação, língua, cultura e religião. Relatos demonstram que quando os vínculos se tornam tão fortes – apesar de diferenças evidentes –, pode-se dizer que tal pessoa é como um irmão, uma irmã.

As pessoas que não têm irmãos de sangue também podem experimentar a força desse vínculo: "Ter um irmão, uma irmã que o quer bem é uma experiência forte, impagável, insubstituível", afirma Papa Francisco.

Porém, a fraternidade cristã permite multiplicarmos essa relação para com o nosso próximo, recorda Bergoglio, que cresceu com seus quatro irmãos:

> Os menores, os mais frágeis, os mais pobres devem nos sensibilizar: têm "direito" de nos tomar a alma e o coração. Sim, esses são nossos irmãos e como tais

devemos amá-los e cuidar deles. Quando isso acontece, quando os pobres são como de casa, a nossa própria fraternidade cristã retoma a vida. Os cristãos, de fato, vão ao encontro dos pobres e frágeis não para obedecer a um programa ideológico, mas porque a palavra e o exemplo do Senhor nos dizem que todos somos irmãos. Este é o princípio do Amor de Deus e de toda justiça entre os homens.

Crianças: grande dom para a humanidade[25]

Eu te louvo, Pai, Senhor do céu e da terra, porque escondeste estas coisas aos sábios e entendidos e as revelaste aos pequeninos. (Mt 11,25b)

Chegou a vez de falarmos sobre os pequenos. Após refletir sobre as diversas figuras da vida familiar – mãe, pai, filhos, irmãos, avós –, o Papa Francisco dedicou duas catequeses a falar sobre as crianças. No primeiro momento, destacou o grande dom que elas são para a humanidade. E depois, recordou os obstáculos que a sociedade impõe aos pequeninos. As crianças são o grande presente de Deus para a humanidade, porém são também as grandes excluídas, e até mesmo impedidas de nascer.

As palavras do Santo Padre nos tocam, mas seus gestos nos comovem profundamente. Nas transmissões dos eventos de Papa Francisco, as imagens nos chamam a atenção pela proximidade que ele demonstra para com as crianças. Ele as beija, abraça, brinca com elas. Os portadores de

[25] 18 de março de 2015.

deficiência são os preferidos dele. O Papa recorda as tantas crianças que encontra em suas viagens:

> [...] cheias de vida e entusiasmo e, por outro lado, vejo que no mundo muitas vivem em condições indignas... Com efeito, pode-se julgar a sociedade pelo modo como as crianças são tratadas, e não só moral, mas também sociologicamente, se é uma sociedade livre ou escrava de interesses internacionais.

Todos nós já passamos pela fase da infância. As crianças nos recordam que, um dia, fomos totalmente dependentes dos cuidados e da benevolência dos outros. Nem mesmo o Filho de Deus poupou esta etapa.

No presépio, contemplamos esta realidade de forma mais simples e direta. No Evangelho, alguns trechos sobre os "pequenos" indicam todas as pessoas que dependem da ajuda dos outros, especialmente as crianças. Jesus agradece ao Pai porque escondeu coisas dos sábios e entendidos e as revelou aos pequenos. Alerta ainda: "Cuidado! Não desprezeis um só destes pequenos! Eu vos digo que os seus anjos, no céu, contemplam sem cessar a face do meu Pai que está nos céus" (Mt 18,10).

O que seria da nossa sociedade sem crianças? "Triste e cinzenta", responde o Papa Francisco. É lógico que os pequenos nos trazem preocupações e problemas. "É melhor uma sociedade com estas preocupações e estes problemas do que uma sociedade triste e cinzenta porque permaneceu sem filhos! Quando vemos que o nível demográfico de uma sociedade só alcança um por centro, podemos dizer que esta sociedade é triste e cinzenta, pois permanece sem as crianças", defende o Santo Padre.

> As crianças têm a capacidade de sorrir e de chorar. Algumas, quando pego nelas ao colo para abraçá-las, sorriem; outras, quando me veem vestido de branco, pensam que sou o médico que veio para lhes dar a vacina, e choram... mas espontaneamente! As crianças são assim: sorriem e choram, duas situações que em nós, adultos, com frequência se bloqueiam; já não somos capazes... Muitas vezes o nosso sorriso torna-se de papelão, sem vida, um sorriso que não é vivaz, um sorriso artificial, de palhaço. As crianças sorriem e choram espontaneamente. Depende sempre do coração, e muitas vezes é o nosso coração que se bloqueia e perde a capacidade de sorrir e de chorar. E então, as crianças podem ensinar-nos novamente a sorrir e a chorar. Mas nós devemos perguntar: sorrio espontaneamente, com vivacidade, com amor, ou o meu sorriso é artificial? Ainda choro, ou perdi a capacidade de chorar? Duas perguntas muito humanas, que as crianças nos ensinam.

As crianças nos chamam constantemente à condição necessária para entrar no Reino de Deus: não nos considerarmos autossuficientes, mas necessitados de ajuda, de amor, de perdão. Elas nos recordam que somos sempre filhos: "Mesmo se a pessoa se torna adulta ou idosa, mesmo se se torna pai, se ocupa um lugar de responsabilidade, abaixo de tudo isso permanece a identidade de filho. Todos somos filhos. E isso nos reporta sempre ao fato de que a vida não fomos nós que a demos, mas a recebemos."

Além do grande dom da vida, há outras tantas riquezas que as crianças têm a oferecer à humanidade. Por exemplo, o olhar puro e confiante no modo de ver a realidade, a confiança espontânea nos pais, em Deus, em Nossa Senhora. O olhar interior delas é puro, não é poluído pela malícia, pela duplicidade, por experiências da vida que endurecem o coração.

Por causa do pecado original, as crianças possuem seus egoísmos, mas conservam uma pureza e uma simplicidade interior. Além disso, em sua simplicidade interior, apresentam uma enorme capacidade de receber e dar ternura.

A Bíblia ensina que ternura é ter um coração "de carne" e não "de pedra"[26]. O Papa ensina que "ternura é também poesia: é 'sentir' as coisas e os acontecimentos, não tratá-los como meros objetos, somente para usá-los, porque servem...". O convite que Jesus fez aos discípulos para "se tornarem como crianças", porque "quem é como elas pertence ao Reino de Deus"[27], se estende a cada um de nós, que desejamos uma vida mais feliz.

[26] Cf. Ez 36,26.
[27] Cf. Mt 18,3; Mc 10,14.

Com as crianças não se brinca![28]

Naquele momento, levaram crianças a Jesus, para que impusesse as mãos sobre elas e fizesse uma oração. Os discípulos, porém, as repreenderam. Jesus disse: "Deixai as crianças, e não as impeçais de virem a mim; porque a pessoas assim é que pertence o Reino dos Céus". E depois de impor as mãos sobre elas, ele partiu dali. (Mt 19,13-15)

"Com as crianças não se brinca!" Este trocadilho apresentado pelo Papa Francisco revela bem o tipo de brincadeira que não acrescenta nada de bom para a educação infantil. Atitudes de violência causam feridas profundas em nossos pequeninos. Geralmente, o sofrimento das crianças é causado pelas escolhas erradas dos adultos. E para abordar este tema tão delicado, o Papa Francisco "coloca o dedo" na ferida e recorda, com amor de pai e de avô, o sofrimento que as separações de casais provocam

[28] 8 de abril de 2015.

nos inocentes: "[...] as crianças pagam também o preço de uniões imaturas e de separações irresponsáveis: elas são as primeiras vítimas; padecem os resultados da cultura dos direitos subjetivos exasperados e depois tornam-se os seus filhos mais precoces."

Graças a Deus, cresci em um lar sob o aconchego do meu pai e da minha mãe. Porém, recordo-me de uma mulher, de aproximadamente 75 anos, que chorou ao receber a notícia da separação de sua neta. Ao se colocar no lugar das crianças, a senhora remetia à sua infância – quando o pai deixou sua mãe e suas duas irmãs. Ela sofria por ter crescido sem ter a quem presentear no dia dos pais e com a lacuna aberta da referência paterna.

Além da dor da separação dos pais, Papa Francisco elenca outras chagas que provocam dores terríveis nas crianças, como, por exemplo, os efeitos da vida de seus pais causados por um trabalho precário e mal pago, por horários insustentáveis, por transportes ineficientes. Violências que não podem ser eliminadas, e, sob os olhos dos grandes, as pessoas são obrigadas a se acostumar com a degradação.

A rejeição e o abandono cometidos ainda no ventre da mãe são recordados pelo Papa Francisco como atos de violência contra as crianças. Vítimas do aborto, milhares são "privadas de sua infância e do seu futuro". Equivocadamente ancorados em seu egoísmo, muitos ousam dizer, quase que para se justificarem, que seria um erro fazê-las vir ao mundo:

> Isso é vergonhoso! Não descarreguemos as nossas culpas sobre as crianças! Elas não são "um erro". A sua fome não é um erro, como não o é a sua pobreza, a sua fragilidade, o seu abandono – muitas crianças abandonadas pelas ruas; e não o é nem sequer a sua ignorância, ou a sua incapacidade – numerosas crianças que não sabem o que é uma escola. Eventualmente, estes são motivos para as amar mais, com maior generosidade. Que fazemos das solenes declarações dos direitos do homem e dos direitos da criança, se depois punimos as crianças pelos erros dos adultos?

Enquanto pai, considero inconcebível pensar como alguém pode provocar o sofrimento de um filho. Por outro lado, quantas vezes nos deparamos, ao longo do dia, com crianças que sofrem. O Santo Padre chama os governantes para a responsabilidade da educação e lembra que todos nós, adultos, temos a responsabilidade de mudar a situação das crianças.

"Cada criança marginalizada, abandonada, que vive pelo caminho mendigando e com todo tipo de meios, sem escola, sem cuidados médicos, é um grito que salta a Deus e que acusa o sistema que nós, adultos, construímos", diz Francisco.

Muitos desses pequenos tornam-se presas de delinquentes e acabam sendo vítimas da exploração para tráfico, ou comércio, ou até mesmo adestrados para a guerra e a violência. Neste caso, os projetos de lei são considerados questionáveis, como o da redução da maioridade penal, que destina ao adolescente a mesma punição de um jovem de dezoito anos.

Nem mesmo a riqueza garante a proteção das crianças. Em países considerados ricos, muitas vivem dramas pesados provocados por problemas, como crise da família, vazios educativos e condições de vida desumanas. Como se não bastasse ferir o corpo, a violação da infância atinge a alma. "Nenhuma dessas crianças é esquecida pelo Pai que está nos céus! Nenhuma de suas lágrimas é perdida! Como não deve ser perdida a nossa responsabilidade social" – essa certeza nos consola e nos anima a uma postura mais ativa perante esses desafios.

O Evangelho nos aponta que o desejo de Jesus é que as crianças tenham acesso a Ele: "Deixai, não impeçais que as crianças venham a mim." Ao falar dos sofrimentos das crianças, nos recordamos daquelas que possuem graves dificuldades. São exatamente essas que revelam "pais especiais", dispostos ao sacrifício e à generosidade. Como seria tudo tão diferente se nós, adultos, ao invés de competições ridículas por *status*, cargos, dinheiro, começássemos a investir as mesmas energias na disputa por aliviar a dor das crianças, para que nenhuma "se sinta um erro, sem valor e abandonada às feridas da vida e da prepotência dos homens".

Reflexão

Que este ensinamento nos ajude a rever nossas ações ou omissões. Afinal, o Senhor julga a partir dos relatos apresentados pelos anjos das crianças, anjos que "veem sempre a face do Pai que está nos céus"[29]. Em seu momento de oração, pergunte-se: "O que os anjos das crianças contarão a Deus sobre nós?"

[29] Cf. Mt 18,10.

O Evangelho da Vida[30]

Ave, Maria, cheia de graça, o Senhor é convosco. Bendita sois vós entre as mulheres, e bendito é o fruto do vosso ventre, Jesus. Santa Maria, Mãe de Deus, rogai por nós, pecadores, agora e na hora da nossa morte. Amém.

Começamos esta reflexão com a oração da ave-maria sugerida pelo Papa Francisco. Afinal, dia 25 de março é o dia da Anunciação do Anjo à Maria, primeiro dos Mistérios Gozosos em que contemplamos a Encarnação de Jesus na recitação do Rosário. A primeira parte da ave-maria retoma as palavras do Anjo dirigidas à Virgem.

Com o "sim" de Nossa Senhora, começa a contagem regressiva para o nascimento do Menino Jesus, em 25 de dezembro, no Natal. Por este motivo, a catequese de hoje é uma pausa para a oração. As catequeses são momentos formativos muito especiais na caminhada, mas é sempre bom parar e rezar sobre os ensinamentos transmitidos ou

[30] 25 de março de 2015.

recebidos. Diante disso, a proposta do Santo Padre é a de contemplarmos esta cena, que retrata a beleza da condescendência de Deus:

> O anjo Gabriel visita a humilde moça de Nazaré e reforça a fé de Maria, como depois fará também para o seu esposo José, a fim de que Jesus possa nascer em uma família humana. Isso é muito belo: mostra-nos quanto profundamente o mistério da Encarnação, assim como Deus o quis, compreende não somente a concepção no ventre da mãe, mas também o acolhimento em uma verdadeira família.

Papa Francisco recordou que em muitos países nesta data celebra-se o Dia pela Vida e os vinte anos da publicação da Encíclica[31] *Evangelium Vitae* de São João Paulo II. O documento ressalta o lugar central da família, "ventre da vida humana". Palavras proféticas para reafirmar que "o casal humano foi abençoado por Deus desde o princípio para formar uma comunidade de amor e de vida, à qual foi confiada a missão da procriação".

A Encíclica *Evangelium Vitae* recorda aos esposos cristãos que a celebração do Sacramento do Matrimônio os torna disponíveis, com a graça de Cristo, a honrar essa benção que é gerar filhos. Por outro lado, a Igreja se compromete em cuidar da família que nasce, como dom de Deus para a sua própria vida, na boa e na má sorte,

---

[31] Encíclica é o documento mais importante assinado por um Papa. Escrita pelo punho do líder máximo da Igreja Católica, a carta é dirigida a todos os bispos e pessoas de boa vontade.

portanto, a ligação entre Igreja e família é sagrada e inviolável. Se a família se encontra abatida, ferida e mortificada, a Igreja nunca a abandona porque é mãe. Diante de realidades de novos modelos familiares que implicam em pecado ou se, por inúmeros motivos, as pessoas se afastam dela, a Igreja vai fazer de tudo para procurar curá-las, convidá-las à conversão e reconciliá-las com o Senhor.

É exatamente por causa desta missão que se faz necessária a oração, para que a Igreja seja capaz de cumprir sua missão. A oração deve ser cheia de amor pela família e pela vida: "Uma oração que sabe se alegrar com quem alegra e sofrer com quem sofre", diz o Papa Francisco. Por isso, o caminho dos bispos do mundo inteiro foi acompanhado de oração, além de reflexão e respostas de questionários enviados às comunidades do mundo todo.

Papa Francisco pede que nossa oração seja animada pela compaixão do Bom Pastor pelo Seu rebanho, para que a Igreja esteja empenhada e ainda mais unida ao testemunho da verdade do Amor de Deus e da Sua misericórdia pelas famílias do mundo, para que nenhuma seja excluída. De maneira especial, as pessoas e as famílias que, por diversos motivos, estão "cansadas e desamparadas, como ovelhas que não têm pastor"[32].

---

[32] Cf. Mt 9,36.

ORAÇÃO DA FAMÍLIA

Jesus, Maria e José,
em vós nós contemplamos
o esplendor do verdadeiro amor,
a vós dirigimo-nos com confiança.
Sagrada Família de Nazaré,
faz também das nossas famílias
lugares de comunhão e cenáculos de oração,
autênticas escolas do Evangelho
e pequenas igrejas domésticas.
Sagrada Família de Nazaré,
que nunca mais nas famílias se vivam experiências
de violência, fechamento e divisão:
quem quer que tenha sido ferido ou escandalizado
receba depressa consolação e cura.
Sagrada Família de Nazaré,
desperta em todos a consciência
da índole sagrada e inviolável da família,
a sua beleza no desígnio de Deus.
Jesus, Maria e José,
escutai, atendei a nossa súplica.
Amém.

Parte II

Matrimônio

Homem e mulher, Ele os criou diferentes[33]

Deus disse: "Façamos o ser humano à nossa imagem e segundo nossa semelhança, para que domine sobre os peixes do mar, as aves do céu, os animais domésticos, todos os animais selvagens e todos os animais que se movem pelo chão". Deus criou o ser humano à sua imagem, à imagem de Deus o criou. Homem e mulher ele os criou. (Gn 1,26-27)

Quantos casais já entraram em atrito simplesmente por terem diferentes maneiras de analisar a mesma situação, não é mesmo? Talvez a encrenca tenha começado pelo jeito de apertar a embalagem de creme dental ou então porque o maridão queria assistir ao seu futebolzinho de domingo, e a mulher esperava, naquele momento, assistir a um filme ou apenas conversar com o amado.

Essas diferenças se fazem presentes e são facilmente visíveis em um relacionamento. Homens são mais práticos;

[33] 15 de abril de 2015.

mulheres, mais detalhistas. Os caras são visuais e se animam rapidinho, já as mulheres se derretem diante de um elogio ou quando se sentem ouvidas e acolhidas. Bem, a verdade é que somos diferentes, e isso não é negativo. Pelo contrário, é muito saudável. O desafio está em aprendermos a conviver de maneira equilibrada, com respeito, compreensão e ternura.

Diante dessas diferenças, muita gente acredita que igualar tudo seria a resposta para todos os problemas. Papa Francisco alerta que isso é uma mentira e questiona algumas ideias, como a chamada teoria do gênero, por expressar "frustração e resignação que visam a cancelar a diferença sexual porque não sabe mais como lidar com ela". Para o cristianismo, tal pensamento coloca em risco a sociedade toda e representa um retrocesso.

A criação do homem e da mulher e sua união a partir do sacramento do matrimônio são os grandes dons que Deus deu à humanidade. A Palavra de Deus ilumina nossa razão para compreendermos bem o motivo para o qual o Senhor nos criou com características tão evidentes. O primeiro relato da criação, no Livro do Gênesis, mostra que Deus, "depois de ter criado o universo e todos os seres vivos, criou a obra-prima, isto é, o ser humano, e fê-lo à sua própria imagem: 'Criou-o à imagem de Deus; criou-os varão e mulher' (Gn 1,27)".

A diferença sexual está presente em muitas formas de vida, mas apenas no homem e na mulher ela adquire a expressão de imagem e semelhança de Deus, dignidade garantida desde a criação:

> [...] não somente o homem tomado a si é imagem de Deus, não somente a mulher tomada a si é imagem de Deus, mas também o homem e a mulher, como casal, são imagem e semelhança de Deus. A diferença entre homem e mulher não é para a contraposição, ou a subordinação, mas para a comunhão e a geração, sempre à imagem e semelhança de Deus.

O Santo Padre destaca que, para se conhecer bem e crescer harmonicamente, o ser humano precisa da reciprocidade entre homem e mulher. Quando falta essa harmonia, as consequências não são nada boas. A escuta e a ajuda mútua são necessárias para que a relação seja enriquecida no pensamento, na ação, nos afetos, no trabalho e na fé. Sem esses ingredientes, os dois não são capazes de entender profundamente o que significa ser homem e mulher.

As tentativas de remoção da diferença, propostas pela chamada teoria do gênero, podem gerar mais problemas. Elas não são a solução. Problemas de relacionamento entre homem e mulher se resolvem com diálogo, conhecimento, amor, num tratamento de respeito e cooperação com amizade. Bases humanas sustentadas pela graça de Deus favorecem a projeção da união matrimonial e familiar por toda a vida. Ao criar o mundo, Deus confiou ao homem e à mulher uma aliança. Rejeitar esta identidade resulta em falência, gera a aridez do mundo dos afetos e obscurece o céu da esperança.

Contribuição da mulher na sociedade e na Igreja

Com o passar dos anos, houve avanços no reconhecimento do lugar da mulher na sociedade. Porém, o Santo Padre alerta que a mulher precisa ser mais ouvida, tanto na sociedade como na Igreja. Graças às diferenças, a mulher tem qualidades que são próprias do gênio feminino, como, por exemplo, a capacidade de ver as coisas com outros olhos, completando, assim, o pensamento dos homens.

Outro sinal de preocupação diz respeito à crise de confiança em Deus. Tal problema nos faz mal, "nos faz adoecer de resignação à incredulidade e ao cinismo" e indica estar ligado também à crise da aliança entre o homem e a mulher. É que a comunhão com Deus se reflete na comunhão do casal humano, e a perda da confiança no Pai celeste gera divisão e conflito entre homem e mulher.

Sentar-se diante de Cristo

Diálogo não é conversa. Diálogo é atitude de escuta: um fala e o outro ouve. Uma iniciativa muito interessante que pode contribuir para a comunhão dos casais é o chamado "Dever de Sentar-se", praticado por casais do Movimento das Equipes de Nossa Senhora.

> "Dever de Sentar-se" é a realização mais profunda da espiritualidade conjugal e tem por fundamento três partes: a procura constante da vontade de Deus; a

procura da verdade e a comunhão conjugal. O "Dever de Sentar-se" é uma consequência do hábito de procurar a vontade de Deus que cada casal foi desenvolvendo. Esse hábito nasce de uma atitude de amor que leva em conta os dons e as deficiências do próprio cônjuge e procura ser infinitamente respeitoso para com a vocação de cada um. É um amor corajoso que progride apesar de todos os contratempos e revela uma força: Deus está aí. Deus não nos quer apenas como somos. Ele nos quer progredindo sempre, quer que modifiquemos nossas atitudes.[34]

[34] TERRA, Dom João Evangelista. O Dever de Sentar-se. Brasília, 2004. Disponível em: <http://www.ens.org.br/novo/carta-mensal/200402/33>. Acesso em: 21 ago. 2015.

HOMEM E MULHER, ELE OS CRIOU COMPLEMENTARES[35]

E o Senhor Deus disse: "Não é bom que o homem esteja só. Vou fazer-lhe uma auxiliar que lhe corresponda". Então o Senhor Deus fez vir sobre o homem um profundo sono, e ele adormeceu. Tirou-lhe uma das costelas e fechou o lugar com carne. Depois, da costela tirada do homem, o Senhor Deus formou a mulher e apresentou-a ao homem. E o homem exclamou: "Desta vez sim, é osso dos meus ossos e carne da minha carne! Ela será chamada 'humana' porque do homem foi tirada". Por isso deixará o homem o pai e a mãe e se unirá à sua mulher, e eles serão uma só carne. O homem e sua mulher estavam nus, mas não se envergonhavam. (Gn 2,18.21-25)

CADA CATEQUESE QUE O PAPA FRANCISCO nos oferece representa um conteúdo riquíssimo herdado da tradição cristã, da Palavra de

[35] 22 de abril de 2015.

Deus e do magistério da Igreja. Anteriormente, falamos das diferenças entre homem e mulher. Agora chegou a vez de destacarmos características complementares.

Partindo do relato da criação, o Santo Padre nos apresenta o capítulo segundo do Livro de Gênesis. Após criar céu e terra, Deus "formou o ser humano com o pó do solo, soprou-lhe nas narinas o sopro da vida, e ele tornou-se um ser vivente" (Gn 2,7). Concluída a obra criadora, o Senhor coloca o homem em um belíssimo jardim para que o cultive e o proteja[36].

Ao observar Adão sozinho no jardim, Deus vê que isso "não é bom", que representa a ausência de comunhão, uma falta de plenitude. Diante dessa observação, o Criador quis fazer-lhe uma ajuda que lhe correspondesse[37]. Em seguida, Deus confere ao homem o senhorio sobre a criação. Tal posição lhe permite dar nome a cada um dos animais, porém não encontra, em animal algum, outro similar a si, e o homem continua sozinho.

Ao perceber a necessidade do homem em ter alguém que o complementasse, Deus lhe apresenta a mulher. Na feminilidade, o masculino reconhece que ela, e somente ela, é parte dele: "Osso dos meus ossos, carne da minha carne"[38]. Na mulher, o homem encontra um reflexo, uma reciprocidade.

---

[36] Cf. Gn 2,15.
[37] Gn 2,18.
[38] Gn 2,23.

> Quando uma pessoa – trata-se de um exemplo para compreender bem isto – quer dar a mão à outra, deve tê-la diante de si: se alguém dá a mão, mas não há ninguém à sua frente, a mão permanece ali... falta-lhe a reciprocidade. Assim era o homem, pois faltava-lhe algo para alcançar a sua plenitude, faltava-lhe a reciprocidade. A mulher não é uma "réplica" do homem; ela deriva diretamente do gesto criador de Deus. A imagem da "costela" não exprime de modo algum uma inferioridade ou subordinação, pelo contrário, exprime que o homem e a mulher são da mesma substância, são complementares, e que também possuem esta reciprocidade. E a constatação de que – ainda na parábola – Deus plasma a mulher enquanto o homem dorme ressalta precisamente que ela não é de modo algum uma criatura do homem, mas de Deus. E sugere também algo mais: para encontrar a mulher – e, podemos dizer, para encontrar o amor na mulher –, o homem deve primeiro sonhar com ela e depois encontrá-la.

A afirmação do Papa de que "para encontrar o amor na mulher, o homem primeiro deve sonhar com ela" nos inspira romantismo e aponta o caminho para um relacionamento duradouro. Sonhar com a vontade de Deus nos ajuda a discerni-la. A exemplo de José, que recebeu, por meio de um sonho, a revelação da obra do Espírito Santo plasmada em Maria, sua noiva, somos convidados a acordar com uma atitude! A iniciativa é de Deus, mas cabe a nós dar uma resposta, de maneira livre. Adão acordou e reconheceu em Eva a complementaridade que lhe faltava.

Deus olha para o homem e para a mulher, acredita neles e lhes confia a terra. Porém, entra a ação do mal, provocando na mente deles suspeita, incredulidade e desconfiança. Adão e Eva caem na armadilha do "delírio da onipotência que polui tudo e destrói a harmonia". Diante disso, Papa Francisco nos ajuda a perceber de que maneira essa tentação acontece, muitas vezes, também nos dias de hoje:

> O pecado gera desconfiança e divisão entre o homem e a mulher. A sua relação será ameaçada por mil formas de prevaricação e de subjugação, de sedução enganadora e de prepotência humilhante, até as mais dramáticas e violentas. A história tem em si os vestígios disto. Pensemos, por exemplo, nos excessos negativos das culturas patriarcais. Pensemos nas múltiplas formas de machismo, quando a mulher era considerada de segunda classe. Pensemos na instrumentalização e comercialização do corpo feminino na cultura mediática contemporânea. Mas pensemos inclusive na recente epidemia de desconfiança, de cepticismo e até de hostilidade, que se propaga na nossa cultura – de maneira particular, a partir de uma compreensível desconfiança das mulheres – como o propósito de uma aliança entre o homem e a mulher, que seja capaz de aperfeiçoar a intimidade da comunhão e, ao mesmo tempo, de salvaguardar a dignidade da diferença.

Deixar para encontrar

Desconsiderar a complementaridade entre homem e mulher pode gerar desconfiança e indiferença nas novas gerações. Papa Francisco alerta que essa "desvalorização social pela aliança estável e geradora entre o homem e a mulher é certamente uma perda para todos". Então ele convoca os cristãos para o dever de trazer de volta o matrimônio e a família à honra que representam.

A Sagrada Escritura ilumina nosso caminho e orienta que o homem deve deixar algo para encontrar a mulher plenamente. "Por isso o homem deixará seu pai e sua mãe[39]. É bonito! Isso significa começar um novo caminho. O homem é tudo para a mulher, e a mulher é tudo para o homem", ensina o Santo Padre.

> Deus ama o homem e a mulher. Deus protege esta aliança mesmo que entre o pecado, como aconteceu com nossos primeiros pais, Adão e Eva: "O Senhor Deus fez ao homem e à sua mulher túnicas de pele e os vestiu"[40]. A túnica é imagem de ternura do Pai para com aquele casal pecador. Apesar da queda, o Criador os reconhece como Sua obra-prima.

---

[39] Cf. Gn 2,24.
[40] Gn 3,21.

Por que os jovens não querem se casar?[41]

No terceiro dia, houve um casamento em Caná da Galileia, e a mãe de Jesus estava lá. Também Jesus e seus discípulos foram convidados para o casamento. Faltando o vinho, a mãe de Jesus lhe disse: "Eles não têm vinho!" Jesus lhe respondeu: "Mulher, para que me dizes isso? A minha hora ainda não chegou". Sua mãe disse aos que estavam servindo: "Fazei tudo o que ele vos disser!" Estavam ali seis talhas de pedra, de quase cem litros cada, destinadas às purificações rituais dos judeus. Jesus disse aos que estavam servindo: "Enchei as talhas de água"! E eles as encheram até à borda. Então disse: "Agora, tirai e levai ao encarregado da festa". E eles levaram. O encarregado da festa provou da água mudada em vinho, sem saber de onde viesse, embora os serventes que tiraram a água o soubessem. Então chamou o noivo e disse-lhe: "Todo mundo serve primeiro o

[41] 29 de abril de 2015.

vinho bom e, quando os convidados já beberam bastante, serve o menos bom. Tu guardaste o vinho bom até agora". Este início dos sinais, Jesus o realizou em Caná da Galileia. Manifestou sua glória, e os seus discípulos creram nele. (Jo 2,1-11)

ASSIM COMO O HOMEM e a mulher representam o ápice da obra de criação narrada no Antigo Testamento, também no Novo Testamento o casal está na origem dos milagres de Jesus.

O evangelista João destaca o episódio das bodas de Caná, em que estavam presentes a Virgem Maria e Jesus, com os Seus primeiros discípulos. Papa Francisco recorda que Jesus não somente participou daquele matrimônio, mas "salvou a festa" com o milagre do vinho. Portanto, o primeiro milagre de Jesus aconteceu em um casamento, o que expressa a grande simpatia por aquela família, amparada pelo cuidado maternal de Maria. A obra-prima da sociedade é a família, diz o Papa. O amor entre homem e mulher é uma obra-prima.

Apesar de toda essa beleza, por que muitos jovens não querem se casar? Por que preferem uma convivência e, tantas vezes, a responsabilidade limitada? As estatísticas apontam que os casamentos têm diminuído e que os jovens não querem se casar. Infelizmente, muitas pessoas não percebem o matrimônio como uma festa que se renova com o passar dos anos na vida dos cônjuges.

O Papa recorda que, em muitos países, cresce o número de separações e diminui o número de filhos. Os laços familiares tornam-se frágeis e, cada vez mais, se rompem com rapidez e facilidade. E o Santo Padre demonstra sua preocupação com as vítimas da separação: "Os filhos são os primeiros a suportar as consequências."

> Pensemos que as primeiras vítimas, as vítimas mais importantes, que sofrem mais em uma separação, são os filhos. Se você experimenta, desde pequeno, que o casamento é um laço "por tempo determinado", inconscientemente para você será assim. Na verdade, muitos jovens são levados a renunciar ao projeto para si mesmo de um laço irrevogável e de uma família duradoura. Creio que devemos refletir com grande seriedade sobre o porquê tantos jovens "não se sentem" para casar. Esta é uma cultura do provisório… tudo é provisório, parece que não há algo de definitivo.

Papa Francisco afirma que todos os argumentos da atualidade para evitar o matrimônio são falsos. Apesar das mais diversas justificativas, como dificuldades de caráter econômico ou mudanças ocorridas nas últimas décadas, como a emancipação da mulher, o Papa denuncia que esses argumentos não são válidos. "São uma falsidade, [...] uma forma de machismo, que sempre quer dominar a mulher", ensina.

"Pobre mulher! Devemos defender as mulheres! Na realidade, quase todos os homens e todas as mulheres gostariam de uma segurança afetiva estável, um matrimônio sólido e uma família feliz", pede o Santo Padre, ao recordar que de novo, como no paraíso, a culpa recai sobre a mulher.

Um dado interessante apresentado nesta catequese é o de que a família está no topo de todos os indícios de satisfação entre os jovens. Só que eles, por medo de errar, rejeitam inclusive cogitar essa possibilidade. Até mesmo os cristãos deixam de pensar no matrimônio sacramental, sinal único e irrepetível da aliança, que se torna testemunho da fé. O medo de errar tem sido um enorme obstáculo para "acolher a Palavra de Cristo, que promete a Sua graça à união conjugal e à família".

A melhor maneira para convencer as novas gerações de que vale a pena se casar é o testemunho dos casais cristãos. O matrimônio consagrado por Deus protege a união entre homem e mulher, é fonte de paz e de bem para toda a vida conjugal e familiar. Papa Francisco enfatiza a contribuição do matrimônio cristão nos primeiros tempos do cristianismo para combater práticas abusivas consideradas normais na época, como, por exemplo, o direito dos maridos de repudiar as esposas.

Nos dias de hoje, a semente cristã ajuda a superar essas diferenças e fortalece a igualdade da dignidade entre os cônjuges e o caminho de reciprocidade e complementaridade entre eles.

Direitos iguais

Sim! Papa Francisco afirma que, como cristãos, devemos apoiar o direito à igual retribuição por igual trabalho. Homens e mulheres têm os mesmos direitos de salário. "A disparidade é um escândalo puro!", exorta. Por outro lado, o Santo Padre reforça que é necessário reconhecer como riqueza a maternidade das mulheres e a paternidade dos homens, em benefício, sobretudo, das crianças. Na catequese, o Papa reconhece a importância crucial da virtude, que é hospitalidade das famílias cristãs, especialmente nas situações de pobreza, degradação e violência familiar.

Convide Jesus para o seu casamento

"Não tenhamos medo de convidar Jesus para as festas de núpcias, de convidá-Lo para a nossa casa, para que esteja conosco e proteja a família. E não tenhamos medo de convidar também Sua mãe Maria! Os cristãos, quando se casam 'no Senhor', são transformados em um sinal eficaz do amor de Deus. Os cristãos não se casam apenas para si mesmos: casam-se no Senhor em favor de toda a comunidade e de toda a sociedade", nos diz Papa Francisco.

DEVERES DO MARIDO E DA MULHER NO MATRIMÔNIO CRISTÃO[42]

Sede submissos uns aos outros, no temor de Cristo. As mulheres o sejam aos maridos, como ao Senhor. Pois o marido é a cabeça da mulher, como Cristo também é a cabeça da Igreja, seu Corpo, do qual ele é o Salvador. Por outro lado, como a Igreja se submete a Cristo, que as mulheres também se submetam, em tudo, a seus maridos. Maridos, amai as vossas mulheres, como Cristo também amou a Igreja e se entregou por ela, a fim de santificar pela palavra aquela que ele purifica pelo banho da água. Pois ele quis apresentá-la a si mesmo toda bela, sem mancha nem ruga ou qualquer reparo, mas santa e sem defeito. É assim que os maridos devem amar suas esposas, como amam seu próprio corpo. Aquele que ama sua esposa está amando a si mesmo. Ninguém jamais odiou sua própria carne. Pelo contrário, alimenta-a e a cerca de cuidado, como

[42] 6 de maio de 2015.

Cristo faz com a Igreja; e nós somos membros do seu corpo! "Por isso, o homem deixará seu pai e sua mãe e se unirá à sua mulher, e os dois serão uma só carne". Este mistério é grande – eu digo isto com referência a Cristo e à Igreja. Em suma, cada um de vós também ame a sua esposa como a si mesmo; e que a esposa tenha respeito pelo marido. (Ef 5,21-33)

Casamento na Igreja com direito a vestido de noiva, marcha nupcial, alianças, flores, padrinhos, fotos, festa... A maioria das mulheres sonha com o dia de ser levada ao altar pelo pai e ali selar o "sim" ao amado até que a morte os separe. Nesta catequese, Papa Francisco nos dá a oportunidade de tocar diretamente na beleza do matrimônio cristão. O Santo Padre recorda que não é simplesmente uma cerimônia, mas um Sacramento que se realiza na Igreja e que também faz a Igreja, dando início a uma nova comunidade familiar.

A passagem bíblica da Carta de Paulo aos Efésios, citada acima, mostra que o amor entre os cônjuges é a imagem do amor entre Cristo e a Igreja. Tal realidade está inscrita no desígnio criador de Deus, e com a graça de Cristo é realizada por inúmeros casais cristãos, mesmo com seus limites, seus pecados.

Amar com amor de Cristo

Ao falar da vida nova em Cristo, São Paulo diz que todos os cristãos são chamados a se amar como Cristo os amou, colocando-se a serviço uns dos outros. Diante disso, o Papa faz uma analogia entre o casal marido-mulher e Cristo-Igreja. Essa analogia imperfeita indica o sentido espiritual que está ao alcance de cada homem e de cada mulher que se confiam à graça de Deus.

Amor à esposa

Paulo ensina que o marido deve amar a esposa "como ao próprio corpo"[43]; amá-la como Cristo "amou a Igreja e se entregou por ela"[44].

> Mas vocês, maridos, entendem isso? Amar as suas esposas como Cristo ama a Igreja? Isso não é brincadeira, mas coisa séria! O efeito deste radicalismo da dedicação pedida ao homem, para o amor e a dignidade da mulher, a exemplo de Cristo, deve ter sido enorme, na própria comunidade cristã.

Ato de fé e amor

Papa Francisco afirma que o Sacramento do Matrimônio permite aos casais experimentar a beleza do ato criador

[43] Ef 5,28.
[44] Ef 5,25.

de Deus e viver o amor que leva a ir sempre além. Resultado do livre consentimento que constitui o matrimônio, este grande ato de fé e amor lhes permite ir além de si mesmos e também além da própria família.

Dimensão missionária do casamento

De acordo com o Santo Padre, a decisão de "casar-se no Senhor" contém também uma dimensão missionária:

> Significa ter no coração a disponibilidade de fazer-se meio da benção de Deus e da graça do Senhor para todos. De fato, os esposos cristãos participam, como esposos, da missão da Igreja. É preciso coragem para isto! Por isso quando eu saúdo os recém-casados, digo: "Eis os corajosos!", porque é preciso coragem para amar-se assim como Cristo ama a Igreja.

Portanto, a celebração do Sacramento implica na corresponsabilidade na contribuição da vida familiar na grande missão de amor da Igreja. A aliança conjugal pode enriquecer ou empobrecer a vida da Igreja por meio de sua vivência e fidelidade. Por outro lado, amparados pela graça do Sacramento, os esposos recebem da Igreja os dons da fé, do amor e da esperança.

Como numa rota de amor, a relação entre marido e mulher é conduzida por Deus, protegida por Cristo. A força e a ternura de Deus irradiadas se transmitem de casal a casal, de família a família. Deus continua a confiar o amor a homens e mulheres corajosos. Carregamos este tesouro do amor, que é o Sacramento do Matrimônio, em "vasos de argila" da nossa humanidade para a Igreja e para o mundo todo.

Parte III

Diferentes realidades

Licença, obrigado, desculpa[45]

Eis que estou à porta e bato; se alguém ouvir minha voz e abrir a porta, eu entrarei na sua casa e tomaremos a refeição, eu com ele e ele comigo. (Ap 3,20)

Entramos agora por uma porta que nos levará a diferentes realidades ligadas à família. Nas catequeses seguintes, refletiremos sobre os diversos desafios enfrentados na família, como educação de filhos, pobreza, casais de segunda união e o tempo de noivado. A nos conduzir neste itinerário, três palavras possuem uma importância fundamental e devem nos acompanhar – licença, obrigado, desculpa.

> De fato, estas palavras abrem o caminho para viver bem na família, para viver em paz. São palavras simples, mas não são assim tão simples de colocar em prática! Requerem uma grande força: a força de proteger a casa, também através de mil dificuldades e provações; em vez disso, a falta delas, pouco a pouco, abre rachaduras que podem fazê-la desmoronar.

[45] 13 de maio de 2015.

Papa Francisco já recordou a força dessas três palavras em diversas ocasiões, bem como afirmou que elas não indicam apenas a "boa educação" de quem as usa, apesar de fazê-lo de modo significativo. "A boa educação é já meia santidade", diz o Papa ao recordar o grande bispo São Francisco de Sales.

Pedir licença, agradecer ou admitir que errou não significa agir por diplomacia, mascarando uma aridez da alma e um desinteresse pelo outro. Um ditado expressa bem essa preocupação: "Atrás de boas maneiras se escondem maus hábitos."

Ao alertar sobre formalismo, o Santo Padre destaca que nem mesmo as religiões estão imunes a este risco, escorregando na observância formal na mundanidade espiritual. Até mesmo o diabo tem boas maneiras. Ao tentar Jesus, o diabo cita as Sagradas Escrituras, age com cavalheirismo, fazendo-se passar por teólogo. Parece agir de maneira correta, mas a diferença está em sua intenção de desviar Jesus da verdade, do Amor de Deus. Aqui, Papa Francisco esclarece que boa educação quer dizer agir enraizado no amor do bem e no respeito ao outro. A família necessita desta fineza do trato baseada no querer bem.

Licença

Entrar na vida de alguém requer esta gentileza. Esse pedido de licença para ter acesso ao coração, aos hábitos, à cultura de outra pessoa se torna uma verdadeira proteção para o espírito da convivência matrimonial e familiar.

> Entrar na vida do outro, mesmo quando ele faz parte da nossa vida, pede a delicadeza de uma atitude não invasiva, que renova a confiança e o respeito. A intimidade, em suma, não autoriza a dar tudo por certo. E o amor, quanto mais íntimo e profundo, tanto mais exige o respeito da liberdade e a capacidade de esperar que o outro abra a porta do seu coração. A este propósito, recordamos aquela palavra de Jesus no livro do Apocalipse: "Eis que estou à porta e bato. Se alguém escutar a minha voz e me abrir a porta, entrarei em sua casa e cearemos, eu com ele e ele comigo" (3,20). Também o Senhor pede a permissão para entrar! Não esqueçamos isso. Antes de fazer uma coisa em família: "Licença, posso fazê-lo? Agrada-te que eu faça assim?" Aquela linguagem propriamente educada, mas cheia de amor. E isso faz tão bem às famílias.

Obrigado

A segunda palavra torna-se consequência do pedido de licença. Ao adquirirmos permissão para adentrar a vida de alguém, gera-se o sentimento de gratidão, que deve ser expresso por meio da palavra obrigado.

O mundo evolui, mas muitas boas maneiras têm ficado para trás como sinal de falsa emancipação. Infelizmente, muitas pessoas reagem com suspeita diante de atitudes gentis ou consideram sinal de fraqueza quando alguém manifesta gratidão. O Papa afirma que esta tendência deve ser combatida:

A dignidade da pessoa e a justiça social passam por aqui. Se a vida familiar subestimar esse estilo, a vida social também o perderá. A gratidão, então, para quem crê, está no coração da fé: um cristão que não sabe agradecer é alguém que esqueceu a linguagem de Deus. É ruim isto! Recordemos a pergunta de Jesus, quando curou dez leprosos e somente um deles voltou para agradecer (cf. Lc 17,18). Uma vez ouvi dizer de uma pessoa idosa, muito sábia, muito boa, simples, mas com aquela sabedoria da piedade, da vida: "A gratidão é uma planta que cresce somente na terra de almas nobres". Aquela nobreza da alma, aquela graça de Deus na alma nos impele a dizer obrigada à gratidão. É a flor de uma alma nobre. É uma bela coisa isso.

Desculpa

Palavrinha dura essa! Porém, necessária. Quantas pessoas estão verdadeiramente padecendo, doentes, porque não conseguem pedir ou aceitar desculpas. Em sua catequese, o Papa ensina que a ausência de desculpas gera pequenas rachaduras que se alargam até se tornarem profundas. O pedido de desculpa é tão precioso que na oração do pai-nosso, ensinada por Jesus, encontramos essa expressão: "Perdoai as nossas ofensas, assim como nós perdoamos a quem nos tem ofendido"[46].

---

[46] Cf. Mt 6,12.

> Reconhecer ter faltado e ter o desejo de restituir o que foi tirado – respeito, sinceridade, amor – torna-se digno do perdão. E assim se para a infecção. Se não somos capazes de nos desculpar, quer dizer que nem mesmo somos capazes de perdoar. Na casa onde não se pede desculpa começa a faltar o ar, as águas se tornam estagnadas. Tantas feridas dos afetos, tantas lacerações nas famílias começam com a perda desta palavra preciosa: "Desculpe".

Que voem os pratos!

Entre o casal, a reconciliação é como o ar que se respira. A Palavra de Deus nos ensina que o sol não deve se pôr sobre o nosso ressentimento[47], ou seja, jamais devemos dormir sem que aconteça a reconciliação.

Papa Francisco é muito realista ao afirmar que as brigas fazem parte da vida matrimonial e que chegam a "voar pratos". Constatado isso, ele aconselha:

> Nunca termine o dia sem fazer as pazes. Ouçam bem: Vocês brigam, marido e mulher? Filhos com os pais? Brigaram feio? Não é bom, mas este não é o problema. O problema é que este sentimento esteja conosco ainda um dia depois. Por isso, se brigaram, nunca terminem o dia sem fazer as pazes em família.

---

[47] Cf. Ef 4,26.

Na prática

Se ainda lhe restam dúvidas, vamos lá! Papa Francisco explica que o ato de fazer as pazes pode ser mais simples do que imaginamos. "Colocar-me de joelhos? Não!", ameniza. O Santo Padre ensina que somente um pequeno gesto faz a harmonia familiar voltar. Ao se praticar um gesto de carinho, não é necessário palavras. O importante é nunca terminar o dia em família sem fazer as pazes.

Educação – Pais e mães, retornem do exílio![48]

Filhos, obedecei em tudo aos vossos pais, pois isto agrada ao Senhor. Pais, não irriteis vossos filhos, para que eles não percam o ânimo. (Cl 3,20-21)

No versículo apresentado acima, São Paulo nos ajuda a perceber o quão tênue é, na educação, a linha entre a firmeza necessária e a rigidez exagerada. Os pais são chamados a educar seus filhos numa época em que se observa uma grande parcela de famílias abrindo mão desse processo educativo e responsabilizando as escolas ou as igrejas.

Nossos avós já diziam, com sabedoria, que o processo educacional começa em casa ou, ainda, herda-se desde o berço. De acordo com Papa Francisco, a família tem a característica essencial, portanto, "vocação natural de educar os filhos para que cresçam na responsabilidade de si e dos outros".

[48] 20 de maio de 2015.

Pais e filhos

O trecho transcrito da Carta de São Paulo aos Colossenses apresenta uma sábia regra:

> [...] o filho que é educado a escutar os pais e a obedecer aos pais, os quais não devem operar de maneira bruta, para não desanimar os filhos. Os filhos, de fato, devem crescer sem se desanimar, passo a passo. Se vocês, pais, dizem aos seus filhos: "Vamos subir nessa escada", e pegam a mão deles, e passo após passo os fazem subir, as coisas irão bem. Mas se vocês dizem: "Vá em frente!" – "Mas não posso" – "Vai!", isso se chama irritar os filhos, pedir aos filhos coisas que não são capazes de fazer. Por isso, a relação entre pais e filhos deve ser de uma sabedoria, de um equilíbrio tão grande. Filhos, obedeçam aos pais, isso agrada a Deus. E vocês, pais, não irritem os filhos, pedindo-lhes coisas que não podem fazer. E isso é necessário ser feito para que os filhos cresçam na responsabilidade de si e dos outros.

Investir tempo na educação

Entre as dificuldades enfrentadas por muitos pais, Papa Francisco recorda a falta de tempo. "É difícil educar para os pais que veem os filhos somente à noite, quando voltam para casa cansados do trabalho", reconhece. Por outro lado, em épocas de crise, o Santo Padre reconhece que são bem-aventurados aqueles que têm um emprego para sustentar seu lar.

Filhos reféns de separações

O Papa elenca ainda outros desafios, como a separação, porém adverte que jamais o filho pode ser tomado como "refém" nessa situação. "Tantas vezes o filho é tomado como um refém, e o pai fala mal da mãe, e a mãe fala mal do pai, e isso faz tanto mal", exorta.

> Digo aos pais separados: nunca, nunca, nunca tomem o filho como refém! Vocês se separaram por tantas dificuldades e motivos, a vida deu essa prova a vocês, mas que os filhos não sejam os que levam o peso dessa separação, não sejam usados como reféns contra o outro cônjuge, cresçam ouvindo que a mãe fala bem do pai, embora não estejam juntos, e que o pai fala bem da mãe. Para os pais separados, isso é muito importante e muito difícil, mas podem fazê-lo.

Como educar?

Diante desta pergunta, Papa Francisco apresenta uma outra questão: "Quais tradições temos hoje para transmitir aos nossos filhos?" O Pontífice apresenta um balanço dessa busca por educação na história ao destacar que intelectuais "críticos" silenciaram os pais para defender as jovens gerações de danos – verdadeiros ou presumidos – da educação familiar. Entre os erros, encontramos o autoritarismo, o favoritismo, o conformismo e a repressão afetiva.

Educar, papel de quem?

O Santo Padre reconhece que a parceria na educação entre família e escola foi rompida por uma ameaça da confiança recíproca. Constata-se que, por exemplo, foram afetadas as relações entre pais e professores na escola. Diante dessa fragilidade e pela pouca busca por conhecimento ou imaturidade, muitos pais estão abrindo mão de sua responsabilidade e atribuindo aspectos da educação a pessoas que se dizem "superespecialistas" em vida afetiva, personalidade e desenvolvimento.

Privados do seu papel, o resultado tem sido pais excessivamente apreensivos e possessivos na relação com os filhos, chegando ao ponto de nunca corrigi-los. Ao dar ouvidos a essas orientações, vistas em apelativos programas de TV, os pais colocam os filhos no canto, sozinhos, correndo o risco de se autoexcluir da vida deles.

O Papa afirma que atitudes desse tipo são gravíssimas, já que os filhos necessitam de limites e correção.

> Eu recordo um acontecimento pessoal. Uma vez, quando eu estava na quarta série, disse uma palavra feia para a professora, e ela, uma mulher brava, chamou minha mãe. Ela foi no dia seguinte, falaram entre si e depois fui chamado. E minha mãe, diante da professora, me explicou que aquilo que eu fiz foi uma coisa ruim, que não se devia fazer; mas a mãe o fez com tanta doçura e me pediu para pedir perdão diante dela à professora. Eu o fiz, e depois fiquei contente porque disse: terminou bem a história. Imaginem vocês, se a professora faz uma coisa desse tipo e,

> no dia seguinte, os dois pais ou um deles a reprova, porque os "especialistas" dizem que as crianças não devem ser repreendidas assim. As coisas mudaram! Portanto, os pais não devem se autoexcluir da educação dos filhos.

Um dos riscos apresentados pelo Papa Francisco é a falta de tempo gerada pelo excesso da carga horária de trabalho. Ele observa que a vida se tornou mesquinha de tempo para falar, refletir, confrontar-se. Muitos pais e mães "sequestrados" pela vida profissional e por outras preocupações sentem-se envergonhados em admitir que a chegada dos filhos traz novas exigências.

Diante dessa ausência, muitos pais se aventuram em um "dialoguismo" superficial, não levando a um verdadeiro encontro da mente e do coração. Aí, o Papa propõe algumas reflexões: "Procuramos entender onde estão deveras os filhos no seu caminho? Sabemos onde realmente está a sua alma? E, sobretudo, queremos sabê-lo? Estamos convictos de que eles, na realidade, não estão à espera de algo mais?"

Comunidades cristãs como apoio à missão educativa

O Santo Padre chama a atenção das comunidades cristãs para a responsabilidade de oferecer apoio à missão educativa das famílias, à luz da Palavra de Deus: "Na base de tudo está o amor, aquele que Deus nos dá, que 'não falta com respeito, não procura o próprio interesse, não fica com raiva, não faz conta do mal recebido... tudo desculpa, tudo crê, tudo espera, tudo suporta' (1Cor 13,5-6)".

Suportar-se em família

Como acontece nas melhores famílias, o Papa diz que é preciso paciência para se suportar e que não há fórmulas prontas, porque a vida se faz na realidade. E aqui, recordamos nossos pais, que conseguiram transmitir a educação a nós com tanta simplicidade.

Pais cristãos cheios de sabedoria humana mostram que a boa educação familiar é a coluna vertebral do humanismo. Tal ensinamento provoca uma "irradiação social" que permite compensar lacunas, feridas, vazios de paternidade e maternidade. Esse amor que se transforma em "irradiação" pode fazer autênticos milagres, conforme podemos ver na Igreja todos os dias.

Pais e mães, retornem do exílio!

"Desejo que o Senhor dê às famílias cristãs a fé, a liberdade e a coragem necessárias para a sua missão. Se a educação familiar encontra o orgulho do seu protagonismo, muitas coisas mudarão para melhor, para os pais incertos e para os filhos desiludidos. É hora dos pais e das mães retornarem do seu exílio – porque se exilaram da educação dos filhos – e reassumirem plenamente o seu papel educativo. Esperamos que o Senhor dê aos pais esta graça: de não se autoexilar na educação dos filhos. E isto somente o amor, a ternura e a paciência podem fazer", nos diz Papa Francisco.

Noivado, tempo de quê?[49]

Eu me casarei contigo para sempre, casamos conforme a justiça e o direito, com amor e carinho. Caso-me contigo com toda a fidelidade e então conhecerás o Senhor. (Os 2,21-22)

FRANCISCO ELENCA TRÊS PALAVRAS, muito parecidas, que precisam estar presentes no tempo de preparação para o casamento: confidência, confiança e confiabilidade.

Nesta catequese, ele ensina que o noivado é o tempo de descobrir ou aprofundar a confidência, é o momento em que os jovens podem fazer a escolha do matrimônio baseados no amor recíproco.

Portanto, uma liberdade da relação que requer consciente harmonia da decisão. Atitude que vai além de uma simples compreensão da atração ou do sentimento, de um momento, de um tempo breve... Exige um caminho conjunto.

[49] 27 de maio de 2015.

Aprender o outro

O noivado permite aos casais fazerem um bom trabalho de um amor que seja participativo e partilhado, para levar o homem e a mulher a uma relação mais profunda. Nessa fase de preparação para o matrimônio, o Papa afirma que o homem "aprende" a mulher aprendendo esta mulher, que é sua noiva. Da mesma maneira, a mulher "aprende" o homem aprendendo este homem, o seu noivo.

Amor não se improvisa

A aliança do amor entre o homem e a mulher não se improvisa de um dia para o outro, porque é para toda a vida. É bem diferente das facilidades do dia a dia, "não há o matrimônio *express*: é preciso trabalhar sobre o amor, é preciso caminhar", ensina Papa Francisco.

> A aliança do amor do homem e da mulher é aprendida e afinada. Permito-me dizer que é uma aliança artesanal. Fazer de duas vidas uma só é também quase um milagre, um milagre da liberdade e do coração, confiado à fé. Devemos nos empenhar mais sobre esse ponto, porque as nossas "coordenadas sentimentais" ficaram um pouco confusas. Quem pretende querer saber tudo, logo depois cede, também sobre tudo – e logo – na primeira dificuldade (ou na primeira ocasião). Não há esperança para a confiança e a fidelidade da doação de si se prevalece o hábito de consumir o amor como uma espécie de "integrador" do bem-estar psicofísico. O amor não é isso! O noivado coloca no foco

a vontade de proteger junto algo que nunca deverá ser comprado ou vendido, traído ou abandonado, por mais tentadora que possa ser a oferta.

Casal que caminha com Deus

A Bíblia representa, com a imagem do noivado, a aliança de Deus com o Seu povo. O profeta Jeremias recorda que o povo se afastou de Deus: "Lembro-me de tua afeição quando eras jovem, de teu amor de noivado"[50]. Nesse percurso, Deus faz uma promessa: "Desposar-te-ei para sempre, desposar-te-ei conforme a justiça e o direito, com benevolência e ternura. Desposar-te-ei com fidelidade e conhecerás o Senhor"[51]. No fim do trajeto, "Deus esposa o seu povo em Jesus Cristo: esposa em Jesus a Igreja. O povo de Deus é a esposa de Jesus. Mas quanto caminho".

Durante a audiência, Papa Francisco aconselhou os noivos a conhecer e ler o clássico da literatura italiana sobre noivado chamado "Os noivos"[52]. A obra-prima conta a história dos noivos que percorreram um caminho com muitos obstáculos até chegar ao matrimônio.

Papa Francisco recordou que a vida dos noivos contempla sofrimento e fidelidade: "O noivado é um percurso de

---

[50] Cf. Jr 2,2.
[51] Cf. Os 2,21-22.
[52] O livro original chama-se *I Promessi Sposi* e faz parte da literatura clássica italiana. A obra de Alessandro Manzoni, publicada em 1827, é leitura obrigatória nas escolas da Itália.

vida que deve amadurecer como a fruta, é um caminho de amadurecimento no amor, até o momento em que se torna matrimônio."

Uma das importantes etapas na preparação para o casamento são os cursos pré-matrimoniais. O Santo Padre destaca que muitos casais encontraram ali a ocasião – muitas vezes a única – para refletir sobre sua experiência em termos não banais. Por ser um caminho de preparação ao matrimônio, tempo de conhecimento recíproco e partilha de um projeto, o noivado apresenta grande importância.

O aspecto essencial neste itinerário do casal deve ser a vida de oração. Os noivos são convidados a redescobrir juntos, de maneira consciente, a leitura da Bíblia, a oração litúrgica, bem como a oração doméstica vivida em família, os sacramentos, a vida sacramental, a confissão e a comunhão.

O casal que olha na mesma direção permite que sua casa seja habitada pelo Senhor. Tal abertura o prepara para se acolher verdadeiramente um ao outro "com a graça de Cristo", bem como viver a fraternidade com os pobres, necessitados, os quais nos provocam à sobriedade e à partilha.

Aprendendo a esperar

A preparação para o casamento cristão não deve queimar etapas. Pessoalmente, gostaria de destacar quão eficaz tem sido para nós, missionários da Comunidade Canção

Nova, a formação que recebemos para namorados e noivos durante todo o caminho de preparação para o matrimônio.

O Santo Padre ensina que é preciso aprender a esperar. Esse percurso de amadurecimento dos noivos proporciona crescimento mútuo e os leva a preparar "uma bela celebração do Matrimônio de modo diferente, não mundano, mas de modo cristão!"

> O tempo do noivado pode tornar-se deveras um tempo de iniciação, no quê? Na surpresa! Na surpresa dos dons espirituais, com os quais o Senhor, através da Igreja, enriquece o horizonte da nova família que se predispõe para viver na sua bênção. Agora, convido-os a rezar à Sagrada Família de Nazaré: Jesus, José e Maria. Rezem para que a família percorra este caminho de preparação; rezem pelos noivos. Peçamos a Nossa Senhora todos juntos uma ave-maria por todos os noivos, para que possam compreender a beleza deste caminho rumo ao Matrimônio.

Provações na família[53]

Filho, não prives da esmola o pobre; não desvies do pobre os teus olhos. Não entristeças quem tem fome e não exasperes o pobre em sua indigência. Não aflijas o coração do indigente e não adies a ajuda ao angustiado. Não rejeites a súplica do aflito e não desvies do indigente o teu rosto. Do necessitado não desvies com dureza os olhos e não lhe darás ocasião de amaldiçoar-te por detrás. (Eclo 4,1-5)

A família é o ambiente mais favorável para as experiências mais belas que vivemos. Em muitos casos, é também o lugar em que mais se sofre, por sua vulnerabilidade aos problemas e desafios gerados pelas condições da vida que a colocam à prova, como, por exemplo, a pobreza. E nós, cristãos, temos o dever de nos aproximarmos dessas famílias. Todos conhecemos um pai ou uma mãe que estão desempregados, alguns de nós moramos perto de bairros desfavorecidos, com problemas

[53] 3 de junho de 2015.

de habitação, transportes, falta de acesso a serviços sociais, como saúde e escola. Quando a família sofre, as relações correm o risco de se enfraquecerem.

> Pensemos em tantas famílias que povoam as periferias das megalópoles, mas também nas zonas rurais. Quanta miséria, quanta degradação! E depois, para piorar a situação, em alguns lugares chega também a guerra. A guerra é sempre uma coisa terrível. Essa também afeta especialmente as populações civis, as famílias. Realmente a guerra é a "mãe de todas as pobrezas", a guerra empobrece a família, uma grande predadora de vidas, de almas e dos afetos mais sagrados e mais queridos.

Nem mesmo as dificuldades são capazes de tirar o brilho da dignidade, com a qual tantas famílias pobres procuram conduzir a sua vida cotidiana. A fé dos humildes torna-se porta aberta para a benção de Deus. Papa Francisco alerta que esta consciência não deve justificar nossa indiferença, mas aumentar a nossa vergonha pelo fato de existir tanta pobreza!

O Santo Padre exalta o milagre que permite, mesmo na pobreza, a continuação e até mesmo a conservação da família e da especial humanidade das suas relações. Esse fato irrita planejadores de bem-estar por considerarem que afetos e relações familiares são derivados da qualidade de vida. "Deveríamos nos ajoelhar diante dessas famílias que são uma verdadeira escola de humanidade que salva a sociedade das barbáries", explica o Papa, ao constatar essa maravilhosa manifestação de Deus.

A vida pública tem a necessidade de uma reorganização dos laços sociais a partir da "luta contra a espiral perversa entre família e pobreza, que nos leva ao abismo".

Papa Francisco denuncia ainda a mesquinhez da economia e da política. Por isso, é preciso investir nos pilares da formação interior da pessoa e na circulação social dos afetos. Sem esta base, tudo vem abaixo.

> Ficamos sempre muito comovidos quando vemos imagens de crianças desnutridas e doentes em muitas partes do mundo que nos são mostradas. Ao mesmo tempo, comove-nos muito também o olhar flamejante de muitas crianças, privadas de tudo, que estão em escolas feitas de nada, quando mostram com orgulho o seu lápis e caderno. E como olham com amor para o seu professor ou professora! Verdadeiramente, as crianças sabem que o homem não vive só de pão! Também de afeto familiar; quando há a miséria, as crianças sofrem, porque querem o amor, os vínculos familiares. [...] A falta ou a perda do trabalho, ou a sua grande precariedade, incidem em grande medida sobre a vida familiar, põem à dura prova as relações.

Em sua catequese, Papa Francisco denuncia os pseudomodelos difundidos por meios de comunicação, os quais são baseados no consumismo e no culto da aparência, influenciando as classes sociais mais pobres e incrementando a desagregação das relações familiares. O Papa exorta que quando a miséria coloca a família à prova, é necessário cuidar das famílias e do afeto.

Igreja, mãe pobre

A fecundidade da Igreja está na pobreza da mesma, manifestada no estilo de vida de seus membros. "A Igreja é mãe e não deve esquecer este drama dos seus filhos", reforça o Santo Padre.

> Uma Igreja pobre é uma Igreja que pratica uma simplicidade voluntária na própria vida – nas próprias instituições, no estilo de vida dos seus membros – para abater qualquer muro de separação, principalmente dos pobres. São necessárias a oração e a ação. Rezemos intensamente ao Senhor, para que nos desperte, a fim de tornarmos as nossas famílias cristãs protagonistas desta revolução da proximidade familiar, que agora nos é tão necessária! A Igreja, desde o início, é feita desta proximidade familiar. E não esqueçamos que o juízo dos necessitados, dos pequeninos e dos pobres antecipa o juízo de Deus (cf. Mt 25,31-46). Não esqueçamos isto e façamos tudo o que pudermos para ajudar as famílias a ir em frente na prova da pobreza e da miséria que atingem os afetos, os vínculos familiares.

Casais de segunda união[54]

"Eu sou o bom pastor. O bom pastor dá a vida por suas ovelhas. O assalariado, que não é pastor e a quem as ovelhas não pertencem, vê o lobo chegar e foge; e o lobo as ataca e as dispersa. Por ser apenas um assalariado, ele não se importa com as ovelhas. Eu sou o bom pastor. Conheço as minhas ovelhas e elas me conhecem, assim como o Pai me conhece e eu conheço o Pai. Eu dou minha vida pelas ovelhas. (Tenho ainda outras ovelhas, que não são deste redil; também a essas devo conduzir, e elas escutarão a minha voz, e haverá um só rebanho e um só pastor.) É por isso que o Pai me ama: porque dou a minha vida. E assim, eu a recebo de novo. Ninguém me tira a vida, mas eu a dou por própria vontade. Eu tenho poder de dá-la, como tenho poder de recebê-la de novo. Tal é o encargo que recebi do meu Pai." (Jo 10,11-18)

---

[54] 5 de agosto de 2015.

"Como cuidar daqueles que, após o fracasso irreversível do seu laço matrimonial, assumiram uma nova união?" Esta é uma das perguntas que move a Mãe Igreja a buscar um caminho de acolhimento para com os, assim chamados, casais de segunda união. "A Igreja sabe bem que tal situação contradiz o sacramento cristão", afirma Papa Francisco. O Papa recorda a Exortação Apostólica *Familiaris consortio*, de São João Paulo II, que leva em consideração a necessidade de fazer o discernimento sobre a diferença entre quem sofreu a separação e quem a provocou. O olhar da Igreja parte sempre de um coração de mãe animado pelo Espírito Santo para o bem e a salvação das pessoas.

Acolhimento necessário

Muitos desses "novos laços" têm filhos, surgindo, assim, a responsabilidade da educação cristã. A Igreja se preocupa com a distância dos casais de segunda união da vida da comunidade, "como se fossem excomungados". De que maneira é possível "recomendar a estes pais que façam de tudo para educar os filhos à vida cristã, dando a eles o exemplo de uma fé convicta e praticada?"

O Papa Francisco nos orienta a olhar esses "novos laços" com os olhos dos filhos pequenos para "ver" a urgência de desenvolver nas nossas comunidades um acolhimento real para com as pessoas que vivem tais situações:

Por isso é importante que o estilo da comunidade, a sua linguagem, as suas atitudes, estejam sempre atentas às pessoas, a partir dos pequeninos. São eles que mais sofrem, nestas situações. De resto, como poderíamos recomendar a estes pais que façam de tudo para educar os filhos na vida cristã, dando-lhes o exemplo de uma fé convicta e praticada, se os mantivéssemos à distância da vida da comunidade, como se estivessem excomungados? Devemos fazer de maneira que não se acrescentem outros pesos além dos que os filhos, nestas situações, já se encontram a ter que suportar! Infelizmente, o número destas crianças e jovens é deveras grande. É importante que eles sintam a Igreja como mãe atenta a todos, sempre disposta à escuta e ao encontro.

Não são excomungadas!

"Estas pessoas não foram excomungadas: não são excomungadas!", enfatiza o Papa Francisco, ao defender que elas fazem sempre parte da Igreja e não devem absolutamente ser tratadas como tal. Cada vez mais, a Igreja tem aprofundado a consciência de que é necessário um fraterno e atento acolhimento, no amor e na verdade, para com os batizados que estabeleceram uma nova convivência depois do fracasso do matrimônio sacramental.

Em 2012, durante o VII Encontro Mundial das Famílias, realizado na Itália, Papa Bento XVI disse que não existem "receitas simples", por isso pediu atitude de discernimento e sábio acompanhamento pastoral[55] para os casais de segunda união.

A Igreja pede aos pastores para manifestarem "abertamente e coerentemente a disponibilidade das comunidades em acolhê-los e a encorajá-los, para que vivam e desenvolvam sempre a sua pertença a Cristo e à Igreja com oração, escuta da Palavra de Deus, frequência à liturgia, educação cristã dos filhos, caridade e serviço aos pobres, empenho para a justiça e a paz".

> A Igreja está chamada a ser sempre a casa aberta do Pai [...] – Não às portas fechadas! Não às portas fechadas! – todos podem participar de alguma forma na vida eclesial, todos podem fazer parte da comunidade. A Igreja [...] é a casa paterna, onde há lugar para todos com a sua vida fatigante.[56]

Ninguém seja excluído!

O Papa Francisco ensina que todos os cristãos são chamados a imitar o Bom Pastor. As famílias cristãs podem colaborar com o Bom Pastor cuidando das famílias feridas, acompanhando-as na vida de fé da comunidade. O convite é para que cada um faça a sua parte, assumindo as atitudes de Jesus, que conhece cada uma das Suas ovelhas, não excluindo nenhuma do Seu infinito amor.

---

[55] Discurso no VII Encontro Mundial das Famílias, Milão, 2 de junho de 2012, resposta n. 5.

[56] Exortação Apostólica *Evangelii Gaudium*, n. 47.

Parte IV

Festa, trabalho e oração

Família, lugar da festa[57]

No sétimo dia, Deus concluiu toda a obra que tinha feito; e no sétimo dia repousou de toda a obra que fizera. Deus abençoou o sétimo dia e o santificou, pois nesse dia Deus repousou de toda a obra da criação. (Gn 2,2-3)

Se comparássemos o ritmo familiar com uma orquestra, perceberíamos a grande importância da harmonia do lar, que poderia ser comparada à afinação dos instrumentos. Assim como nos espetáculos, em que músicos executam lindas obras, as famílias devem estar atentas para seguir a partitura divina. A nos ajudar na afinação dos instrumentos que dão ritmo à família, o Papa Francisco nos oferece um pequeno percurso de reflexão sobre três dimensões: a festa, o trabalho, a oração. Aqui, nos deteremos no tema da festa.

[57] 12 de agosto de 2015.

FESTA NÃO É PREGUIÇA

"A festa é uma invenção de Deus", afirma o Papa Francisco. Após concluir a obra da criação, no sétimo dia, Deus descansou. Com essa ação divina, aprendemos "a importância de dedicar um tempo para contemplar e desfrutar daquilo que no trabalho foi bem feito".

O Santo Padre define trabalho não só no sentido do ofício e da profissão. Trata-se de um sentido mais amplo: "Toda ação com que nós, homens e mulheres, podemos colaborar para a obra criadora de Deus."

> Portanto, a festa não é a preguiça de sentar em uma poltrona, ou a sensação de uma vã evasão. Não, a festa é, antes de tudo, um olhar amoroso e grato sobre o trabalho bem feito; festejamos um trabalho. Também vocês, recém-casados, festejam o trabalho de um belo tempo de noivado: e isso é belo! É o tempo de olhar os filhos, os netos, que estão crescendo, e pensar: que belo! É o tempo de olhar para a nossa casa, os amigos que hospedamos, a comunidade que nos cerca, e pensar: que coisa boa! Deus fez assim quando criou o mundo. E continuamente faz assim, porque Deus cria sempre, também neste momento!

FESTA EM MEIO À DOR

Quantas vezes nossas mães, mesmo com dores, prepararam um belo almoço para nós, não é mesmo? Ou quantos pais foram ao supermercado – com o "dinheiro suado" – comprar algo especial para o almoço de domingo? Estes são sacrifícios de pais e mães que vivem e celebram a festa em meio às dificuldades.

O Papa Francisco recorda que uma festa pode acontecer "em circunstâncias difíceis ou dolorosas, e se celebra, talvez, com 'nó na garganta'".

A mesma força que encontramos nesses casos encontramos, também, em Deus. Pais e mães são especialistas neste assunto. "Quantas vezes, por amor aos filhos, são capazes de sugar o sofrimento para deixar que eles vivam bem a festa, saboreiem o sentido bom da vida! Há tanto amor nisso!", recorda o Santo Padre.

Festa no ambiente de trabalho

Papa Francisco destaca como é saudável a festa no ambiente de trabalho, sem omitir os deveres. É muito importante celebrar "um aniversário, um matrimônio, um novo nascimento, bem como uma despedida ou uma chegada... é importante". Esses momentos de familiaridade fazem bem à engrenagem da máquina produtiva.

O verdadeiro tempo de festa

A verdadeira festa suspende o trabalho profissional porque é sagrada. Essa parada nos recorda de que fomos feitos à imagem e semelhança de Deus, portanto, não escravos do trabalho. Assim como o Senhor, nunca devemos ser escravos do trabalho, mas "senhores". Inclusive, há um mandamento que diz respeito a todos, não excluindo ninguém: "Guardar domingos e festas"[58].

O Papa Francisco denuncia "que há milhões de homens e mulheres, e até mesmo crianças, escravos do trabalho".

> Nesta época existem escravos, pessoas que são exploradas, escravos do trabalho, e isto é contra Deus e contra a dignidade da pessoa humana! A obsessão do lucro econômico e o eficientismo da técnica ameaçam os ritmos humanos da existência, porque a vida tem os seus ritmos humanos. O tempo do descanso, sobretudo dominical, é nos destinado para podermos gozar daquilo que não se produz e não se consome, que não se compra e não se vende. E, no entanto, vemos que a ideologia do lucro e do consumo quer devorar também a festa: até ela, às vezes, é reduzida a um "negócio", a um modo de ganhar dinheiro e de gastá-lo. Mas é para isto que trabalhamos? A ganância do consumo, que acarreta o desperdício, é um vírus ruim que, de resto, no final nos faz sentir mais cansados do que antes. Prejudica o trabalho autêntico e consome a vida. Os ritmos desregrados da festa provocam vítimas, muitas vezes jovens.

O tempo é sagrado porque é habitado por Deus. De maneira especial, a Missa do domingo é marcada pela graça de Jesus, por Sua presença, Seu amor, Seu sacrifício, o Seu fazer-se comunidade, o Seu estar conosco. "Trabalho, família, alegrias e cansaços de cada dia, também o sofrimento

[58] Cf. Ex 20,8.

e a morte; tudo é transfigurado pela graça de Cristo", que confere a cada realidade sentido pleno.

Festa de mais sucesso

"Não é por acaso que as festas em que há lugar para toda a família são as que têm mais sucesso!", diz o Papa. Ele recorda que a família tem competência extraordinária para entender, orientar e apoiar o autêntico valor do tempo da festa. Portanto, a festa é um precioso presente que Deus deu à família humana.

Como pai, testemunho que é muito bom e satisfatório o tempo que dedico ao meu filho e à minha esposa. O tempo que investimos na convivência familiar tem a capacidade de retemperar nossas energias. Papa Francisco ensina que a vida familiar, olhada com os olhos da fé, aparece-nos como uma obra de arte de simplicidade capaz de incorporar em si todos os aspectos da vida verdadeira.

FAMÍLIA, LUGAR DO TRABALHO[59]

Depois, o Senhor Deus plantou um jardim em Éden, a oriente, e pôs ali o homem que havia formado. E o Senhor Deus fez brotar do solo toda sorte de árvores de aspecto atraente e de fruto saboroso, e, no meio do jardim, a árvore da vida e a árvore do conhecimento do bem e do mal. O Senhor Deus tomou o homem e o colocou no jardim de Éden, para o cultivar e guardar. (Gn 2,8-9.15)

ASSIM COMO A FESTA, o trabalho faz parte do desígnio criador de Deus. Sabemos que, para manter uma família e assegurar aos nossos queridos uma vida digna, trabalhar é necessário.

De uma pessoa séria, honesta, a coisa mais bela que se pode dizer é: "É um trabalhador", é justamente uma pessoa que trabalha, é uma pessoa que, na comunidade, não vive à custa dos outros. Há tantos argentinos

[59] 19 de agosto de 2015.

> hoje, eu vi, e direi como dizemos nós: "Não vivem com a barriga pra cima".

Onde se aprende a ser trabalhador?

A família é um lugar privilegiado, no qual se aprende o estilo de vida trabalhador. O exemplo do pai e da mãe que trabalham pelo bem da família e da sociedade favorece a educação ao trabalho. Na Bíblia, o exemplo da Sagrada Família de Nazaré mostra uma família de trabalhadores, e o próprio Jesus é chamado de "filho do carpinteiro"[60], ou até mesmo de "o carpinteiro"[61].

Papa Francisco destaca o aviso de São Paulo aos cristãos: "Quem não quer trabalhar, não coma"[62].

> "Quem não quiser trabalhar, não tem o direito de comer" (2Ts 3,10). Esta é uma boa receita para emagrecer: não trabalha, não come! O apóstolo refere-se explicitamente ao falso espiritualismo de alguns que, de fato, vivem à custa dos seus irmãos e irmãs, "ocupando-se de futilidades" (2Ts 3,11). O compromisso do trabalho e a vida do espírito, na concepção cristã, não estão absolutamente em contraste entre si. É muito importante entender isto! Oração e trabalho podem e devem estar juntos, em harmonia, como ensina São Bento. A falta de trabalho prejudica também o espírito, assim como a falta de oração deteriora inclusive a atividade prática.

[60] Cf. Mt 13,55.
[61] Cf. Mc 6,3.
[62] 2Ts 3,10.

Trabalho sagrado

Com esses exemplos bem práticos, o Santo Padre nos ensina que o trabalho é sagrado. Trabalhar é próprio da nossa humanidade, porque expressa a dignidade de ser criado à imagem de Deus. Daí, a exortação do Papa Francisco contra o desemprego, já que a perda de postos de trabalho significa um grave dano social.

A terra trabalhada pelo ser humano

A Encíclia *Laudato si*, que propõe uma ecologia integral, recorda a responsabilidade de cada pessoa no cuidado com a terra, nossa "casa-jardim". O Papa afirma que a beleza da terra e a dignidade do trabalho são feitas para estarem juntas. A terra se torna bela quando é trabalhada pelo homem.

Papa Francisco denuncia que, quando "o trabalho se distancia da aliança de Deus com o homem e a mulher, quando se separa das suas qualidades espirituais, quando é refém da lógica só do lucro e despreza os afetos da vida, a degradação da alma contamina tudo: também o ar, a água, a erva, o alimento".

Os mais prejudicados são os mais pobres. Essa degradação corrompe também a vida civil e destrói o *habitat*. Papa Francisco alerta sobre os riscos de uma perigosa tendência da organização moderna de considerar a família como "um obstáculo, um peso, uma passividade para a produtividade do trabalho". Portanto, questiona esse tipo de produtividade rica de serviços e de organização, porém hostil às crianças e aos idosos.

Em sua catequese, o Papa critica projetos interessados, que visam apenas fins econômicos e acabam por gerir a força-trabalho individual, resultando em mera utilização ou descarte. Nesse sentido, a família é um grande teste. "Quando a organização do trabalho a tem como refém, ou até mesmo obstrui o seu caminho, então estamos certos de que a sociedade humana começou a trabalhar contra si mesma", afirma o Santo Padre.

Um desafio às famílias

O exemplo do pequeno Davi, que enfrenta o gigante Golias, representa bem o desafio que as famílias cristãs enfrentam. Apesar do drama, nos consola saber como termina o relato bíblico sobre esse desafio. É preciso fé e perspicácia para encarar a missão de apresentar ao mundo os fundamentos da criação de Deus: a identidade e a ligação do homem e da mulher, a geração dos filhos, o trabalho que torna doméstica a terra e habitável o mundo. A alegria e a esperança para seguir em frente vêm de Deus.

Família, lugar da oração[63]

Amarás o Senhor teu Deus com todo o teu coração, com toda a tua alma e com todas as tuas forças. (Dt 6,5; cf. Mt 22,37)

"Deveria rezar mais...; gostaria de o fazer, mas, com frequência, falta-me o tempo", frases que o Papa Francisco recorda e que ouvimos continuamente ou, quem sabe, dizemos com frequência.

O lado bom é quando há o nosso arrependimento sincero, porque "o coração humano procura sempre a oração, mesmo sem sabê-lo; e se não a encontra, não tem paz".

O caminho das pedras para a oração

O Santo Padre oferece uma orientação preciosa para alcançarmos uma vida de oração mais profunda:

> Mas para que se encontrem é preciso cultivar no coração um amor "fervoroso" a Deus, um amor afetivo. Podemos fazer-nos uma pergunta muito simples. É

[63] 26 de agosto de 2015.

> positivo acreditar em Deus com todo o coração, esperar que nos ajude nas dificuldades, sentir-nos na obrigação de agradecê-Lo. Tudo certo. Mas *amamos um pouco o Senhor*? O pensamento de Deus comove-nos, admira-nos, enternece-nos?

Nessa busca por descobrir a intimidade com Deus, Papa Francisco parte da Palavra de Deus, do mandamento que sustenta todos os outros: "Amarás o Senhor teu Deus com todo o teu coração, com toda a tua alma e com todas as tuas forças"[64].

O Papa explica que a fórmula usa a linguagem intensiva do amor, derramando-o em Deus. É nesse amor intenso que mora o espírito de oração. Um coração habitado por Deus nunca sai da presença do Senhor. A nos auxiliar neste itinerário de oração, outras perguntas são propostas pelo Papa Francisco:

> Conseguimos pensar em Deus como a carícia que nos mantém em vida, antes da qual nada existe? Uma carícia da qual nada, nem a morte, nos pode separar? Ou pensamos nele só como o grande Ser, o Todo-poderoso que fez todas as coisas, o Juiz que controla cada ação? Naturalmente, tudo isto é verdade. Mas só quando Deus é o carinho de todos os nossos afetos, o significado destas palavras torna-se pleno. Então sentimo-nos felizes, e até um pouco confusos, porque Ele pensa em nós, mas, sobretudo, ama-nos! Não é impressionante? Não é impressionante que Deus nos acaricie com amor de pai? É muito bonito! Podia simplesmente fazer-se

[64] Dt 6,5; cf. Mt 22,37.

> reconhecer como o Ser supremo, apresentar os seus mandamentos e esperar os resultados. Mas Deus realizou e realiza infinitamente mais do que isto. Acompanha-nos no caminho da vida, protege-nos, ama-nos.

O Papa Francisco apresenta uma linguagem bastante familiar aos participantes da Renovação Carismática Católica ao ensinar que a chama do espírito da oração que aquece o tempo é acesa a partir do fogo do afeto por Deus. O contrário torna-se apenas repetição de palavras, "como fazem os pagãos", ou ritualismo vazio, "como fazem os fariseus"[65]. A explicação do Papa Francisco me recorda um ensinamento de Santo Agostinho, que diz que "o nosso desejo é oração". Neste caso, ouso dizer que o nosso amor é oração.

"Um coração habitado pelo afeto por Deus faz transformar em oração também um pensamento sem palavras, ou uma invocação diante de uma imagem sagrada, ou um beijo mandado para a igreja", afirma o Santo Padre. Ele destaca ainda gestos muito delicados, como quando as mães ensinam os filhos pequenos a mandar um beijo a Jesus ou a Nossa Senhora:

> Quanta ternura há nisso! Naquele momento, o coração das crianças se transforma em lugar de oração. E é um dom do Espírito Santo. Não nos esqueçamos nunca de pedir este dom para cada um de nós! Porque o Espírito de Deus tem aquele seu modo especial de dizer nos nossos corações "Abá" – "Pai", nos ensina a

---

[65] Cf. Mt 6,5.7.

dizer "Pai" propriamente como o dizia Jesus, um modo que nunca poderemos encontrar sozinhos[66]. É na família que se aprende a pedir e apreciar este dom do Espírito. Se o aprende com a mesma espontaneidade com a qual aprende a dizer "papai" e "mamãe", aprendeu-se para sempre. Quando isso acontece, o tempo de toda a vida familiar é envolvido no colo do Amor de Deus e procura espontaneamente o tempo da oração.

Famílias indicadas ao Nobel

Papa Francisco elogia a capacidade das famílias de conseguirem administrar as 24 horas do dia e não entende a capacidade que elas possuem de duplicar estas 24 horas. "Há mães e pais que poderiam vencer o Nobel por isso. De 24 horas fazem 48: não sei como fazem, mas se movem e o fazem! Há tanto trabalho em família!", argumenta. Ainda acrescenta que nem mesmo os grandes matemáticos são capazes de resolver a equação de uma família.

Dever de casa para os pais

"O espírito da oração volta o tempo para Deus, sai da obsessão de uma vida à qual sempre falta o tempo, reencontra a paz das coisas necessárias e descobre a alegria de dons inesperados", revela Papa Francisco, deixando um dever de casa para os pais:

[66] Cf. Gl 4,6.

Não se esqueçam, todos os dias leiam um trecho do Evangelho. A oração surge da intimidade com a Palavra de Deus. Há esta intimidade na nossa família? Temos em casa o Evangelho? Nós o abrimos algumas vezes para lê-lo juntos? Nós o meditamos rezando o Rosário? O Evangelho lido e meditado em família é como um pão bom que alimenta o coração de todos. E pela manhã e à noite, e quando sentamos à mesa, aprendamos a dizer juntos uma oração, com muita simplicidade: é Jesus que vem entre nós [...]. Uma coisa que tenho muito no coração e que vi nas cidades: há crianças que não aprenderam a fazer o sinal da cruz! Mas você, mãe, pai, ensine a criança a rezar, a fazer o sinal da cruz: esta é uma tarefa bela das mães e dos pais!

Parte V

A família e a Nova Evangelização

A família e a Nova Evangelização[67]

E passando o olhar sobre os que estavam sentados ao seu redor, disse: "Eis minha mãe e meus irmãos! Quem faz a vontade de Deus, esse é meu irmão, minha irmã e minha mãe". (Mc 3,34-35)

Ao finalizar o percurso de ensinamentos sobre a família, o Papa Francisco nos dá a oportunidade de refletirmos sobre o modo como ela vive a responsabilidade de comunicar a fé.

O Pontífice lembra que algumas expressões evangélicas parecem contrapor os laços da família ao seguimento de Jesus: "Quem ama pai ou mãe mais do que a mim, não é digno de mim. E quem ama filho ou filha mais do que a mim não é digno de mim. E quem não toma a sua cruz e não me segue, não é digno de mim"[68]. Obviamente, não significa que Jesus quer cancelar o quarto mandamento, que é o primeiro grande mandamento para as pessoas.

[67] Audiência Geral – 2 de setembro de 2015.
[68] Mt 10,37-38.

Papa Francisco nos recorda outros episódios bíblicos, nos quais Jesus demonstra grande afeição pelas famílias; afinal, o primeiro milagre de Jesus aconteceu em um casamento em Caná da Galileia. Porém, Cristo também realizou outras obras, como, por exemplo, a restituição de filhos e filhas à vida familiar.

Gramática familiar

A linguagem com a qual Deus se faz compreender por todos se aprende na família. Essa gramática é assimilada com a sabedoria dos afetos que não se compram e não se vendem.

O Papa Francisco enaltece os laços familiares constituídos por afetos e ensina que a fé nos ajuda a ampliar esses laços para um sentido maior. Essa abertura nos torna capazes de irmos além de nós mesmos, para criar uma paternidade e uma maternidade mais amplas e para acolher, como irmãos e irmãs, também aqueles que estão nas margens de cada vínculo.

A abertura para depositar os vínculos familiares no âmbito da obediência da fé e da aliança com o Senhor não os mortifica, ensina o Papa. Essa disposição é garantia de proteção, libertação do egoísmo, preservação da degradação, certeza para a vida que não morre.

DESERTIFICAÇÃO POR FALTA DE AMOR

O amor da família é benção para os povos porque traz de novo a esperança sobre a terra. Os afetos familiares convertidos ao testemunho do Evangelho nos fazem tocar com as mãos as obras de Deus que foram realizadas na história.

> Um só sorriso roubado milagrosamente ao desespero de uma criança abandonada, que recomeça a viver, explica-nos o agir de Deus no mundo que mais de mil tratados de teologia. Um só homem e uma só mulher, capazes de arriscar e de se sacrificar por um filho de outros, e não só pelo próprio, explicam-nos coisas do amor que muitos cientistas já não compreendem. E onde há estes afetos familiares, nascem estes gestos do coração que são mais eloquentes do que as palavras. O gesto do amor... Isto faz-nos refletir.

Papa Francisco convida todos à reflexão de como seria o mundo se as decisões fossem tomadas a partir do olhar do homem e da mulher dirigido à geração vindoura. Certamente, os temas da terra e da casa, da economia e do trabalho tocariam uma música muito diferente! O apelo do Papa é para que, a partir da Igreja, a família que ouve a Palavra de Deus e a coloca em prática volte ao protagonismo.

> Mas as nossas cidades estão desertificadas por falta de amor, por falta de sorriso. Muitos divertimentos, numerosas coisas com as quais perder tempo, rir, mas falta o amor. O sorriso de uma família é capaz de vencer esta desertificação das nossas cidades. E esta é a

> vitória do amor da família. Nenhuma engenharia econômica e política é capaz de substituir esta relação das famílias. O projeto de Babel edifica arranha-céus sem vida. O Espírito de Deus, ao contrário, faz florescer os desertos (cf. Is 32,15). Devemos sair das torres e das câmaras blindadas das elites, para frequentar de novo as casas e os espaços abertos das multidões, abertos ao amor da família.

"Onde há uma família com amor, aquela família é capaz de aquecer o coração de toda uma cidade com o seu testemunho de amor", garante o Papa. Aos peregrinos de língua portuguesa, o Santo Padre reforçou o chamado das famílias à missão evangelizadora da Igreja, que consiste em sair dos espaços de comodidade e dar ao mundo o testemunho do amor cristão, que supera todas as barreiras e preconceitos.

A família é Igreja doméstica[69]

Amarás o Senhor teu Deus com todo o teu coração, com toda a tua alma e com todas as tuas forças. (Dt 6,5; cf. Mt 22,37)

Considerada a "Igreja Doméstica", a família é um pequeno templo onde Deus habita. Graças ao Sacramento do Matrimônio, torna-se lugar no qual "dois ou três" estão reunidos em nome de Cristo. Nesta catequese, o Papa Francisco explica o vínculo, quase natural, que existe entre a família e a comunidade cristã. Porém, hoje, a Igreja sente que esta aliança entre a família e a paróquia deve ser reavivada. Naturalmente, a intenção e a coragem para fazer esta aliança requerem uma fé generosa. Só que, algumas vezes, as famílias não se sentem à altura do chamado e reagem assim:

> "Padre, somos uma família pobre e até um pouco arruinada", "Não estamos à altura", "Já temos tantos problemas em casa", "Não temos força". Isto é verdade. Mas ninguém é digno, ninguém está à altura, ninguém tem força! Sem a graça de Deus, nada poderíamos fa-

[69] 9 de setembro de 2015.

> zer. Tudo nos é dado gratuitamente! E o Senhor nunca chega a uma nova família sem fazer algum milagre.

Papa Francisco recorda o importante papel da comunidade cristã. Aos membros, o Santo Padre exorta a superarem atitudes "mandonas e interesseiras" e a buscarem favorecer o diálogo entre as pessoas, bem como o conhecimento e a estima recíprocos:

> Como gostaria que as famílias invadissem as paróquias e que as comunidades fossem abertas a todos! Que as famílias tomem a iniciativa e sintam a responsabilidade de trazer, para a comunidade, os seus preciosos dons. Todos devemos estar conscientes de que a fé cristã se joga em campo aberto duma vida partilhada com todos; a família e a paróquia devem fazer o milagre duma vida mais comunitária para benefício da sociedade inteira.

Igreja: casa de fraternidade

As pessoas precisam encontrar na comunidade cristã uma casa onde haja a fonte da fraternidade entre todos os homens, portanto, lugar daqueles que acreditam em Jesus. "A Igreja caminha no meio dos povos, na história dos homens e das mulheres, dos pais e das mães, dos filhos e das filhas: esta é a história que conta para o Senhor", explica o Santo Padre.

Ao longo da história, acontecimentos dos poderes mundanos foram registrados. Mas a história dos afetos humanos é diferente, porque está registrada diretamente no Coração de Deus. Essa história permanece para sempre.

Nosso lugar é o Céu

É na família que começamos nossa caminhada de vida plena rumo à contemplação de Deus por toda a eternidade no Céu. A família torna-se, portanto, um marco na iniciação – insubstituível, indelével – da vida e da fé na história. Por isso a família é tão importante.

Deus quis ter uma família

Em Jesus contemplamos os sinais deste vínculo: "Ele nasceu numa família e ali 'aprendeu o mundo'", vivendo por trinta anos em Nazaré – uma aldeia insignificante –, no trabalho da carpintaria de José.

Nessa experiência, Jesus assimilou a condição humana, acolhendo-a na Sua comunhão com o Pai e na Sua própria missão apostólica. Ao deixar Nazaré, Jesus inicia Sua vida pública e, ao Seu redor, forma uma comunidade, "uma '*assembleia*', uma convocação de pessoas": este é o significado da palavra igreja.

> Nos Evangelhos, a assembleia de Jesus tem a forma de uma família, e de uma família hospitaleira, não de uma seita exclusiva, fechada: nela encontramos Pedro e João, mas também o faminto e o sedento, o estrangeiro e o perseguido, a pecadora e o publicano, os fariseus e

as multidões. E Jesus não cessa de acolher e falar com todos, até com quantos já não esperam encontrar Deus na sua vida. É uma lição forte para a Igreja! Os próprios discípulos são eleitos para cuidar desta assembleia, desta família dos hóspedes de Deus.

Igreja fechada é museu

O Santo Padre chama a atenção para a necessidade de reavivar a aliança entre a família e a comunidade cristã. "A família e a paróquia são os dois lugares onde se realiza aquela comunhão de amor que encontra a sua derradeira fonte no próprio Deus", afirma Papa Francisco. "Uma Igreja verdadeiramente segundo o Evangelho não pode deixar de ter a forma de uma casa hospitaleira, sempre de portas abertas. As igrejas, as paróquias e as instituições, com as portas fechadas, não devem se chamar igrejas, mas museus!"

Papa Francisco expressa sua esperança de comunidades como "centros do amor evangelizador, ricos de calor humano, assentes na solidariedade, na participação"[70] e também no perdão contra "centros de poder" ideológicos, financeiros e políticos.

Que as famílias sintam a responsabilidade de oferecer os seus dons preciosos em prol da comunidade. "Façamos tudo o que Jesus nos disser e encontrar-nos-emos diante do milagre, do milagre de cada dia", finaliza o Papa.

---

[70] Pont. Cons. para a Família. *Gli insegnamenti di J. M. Bergoglio – Papa Francesco sulla famiglia e sulla vita 1999-2014*. Città del Vaticano: LEV, 2014, p. 189.

Nulidade de matrimônio – "Motu Proprio"

É, portanto, a preocupação com a salvação das almas, que – hoje como ontem – permanece o fim supremo das instituições, das leis, do direito, a impelir o Bispo de Roma a oferecer aos Bispos este documento de reforma, uma vez que partilham com ele o dever da Igreja, de tutelar a unidade na fé e na disciplina em relação ao matrimônio, vínculo e origem da família cristã. Alimenta o impulsor da reforma o enorme número de fiéis que, ao mesmo tempo em que desejando permanecerem fiéis à sua própria consciência, são muitas vezes desviados de estruturas jurídicas da Igreja por causa da distância física ou moral; a caridade, portanto, e a misericórdia exigem que a própria Igreja como mãe se torne próxima aos filhos que se consideram separados.[71]

[71] Carta Apostólica do Papa Francisco sob a forma de *Motu Proprio – Mitis iudex Dominus Iesus* – para causas de declaração de nulidade de matrimônio no Código de Direito Canônico.

Uma das novidades na reforma realizada pelo Papa Francisco é a simplificação do processo de nulidade matrimonial. O Vaticano esclareceu que a intenção do Pontífice não é favorecer a nulidade, mas agilizar o processo: "Simplificar, evitando que, por causa de atrasos no julgamento, o coração dos fiéis que aguardam o esclarecimento sobre seu estado 'não seja longamente oprimido pelas trevas da dúvida.'"

Rapidamente, a notícia divulgada em entrevista coletiva na Sala de Imprensa na Santa Sé foi replicada por jornalistas do mundo todo sem muita apuração. Manchetes sobre o feito de Papa Francisco falavam de "anulação" de casamento. O rebuliço tomava conta das redações na busca da compreensão do termo relacionado ao direito canônico.

Motu proprio

Mediante *motu proprio*[72], o Papa Francisco introduziu importantes mudanças no processo canônico para a declaração de nulidade matrimonial. Entre as medidas, está a supressão da necessidade de dois tribunais, a introdução de um processo breve e a gratuidade universal. As alterações constam em dois documentos: *Mitis Iudex Dominus Iesus*[73] e *Mitis et misericors Iesus*[74].

[72] Normativa da Igreja Católica expedida diretamente pelo próprio Papa, resultado do trabalho da comissão especial para a reforma destes processos, nomeada em setembro de 2014.
[73] Senhor Jesus, meigo juiz.
[74] Jesus, meigo e misericordioso.

Critérios que norteiam a reforma

1. *Uma só sentença favorável para a nulidade executiva:* não será mais necessária a decisão de dois tribunais. Com a certeza moral do primeiro juiz, o matrimônio será declarado nulo.
2. *Juiz único sob a responsabilidade do bispo:* no exercício pastoral da própria "autoridade judicial", o bispo deverá assegurar que não haja atenuações ou abrandamentos.
3. *O próprio bispo será o juiz:* para traduzir na prática o ensinamento do Concílio Vaticano II de que o bispo é o juiz em sua igreja, auspicia-se que ele mesmo ofereça um sinal de conversão nas estruturas eclesiásticas e não delegue à Cúria a função judicial no campo matrimonial. Isto deve valer especialmente nos processos mais breves, em casos de nulidade mais evidentes.
4. *Processos mais rápidos:* nos casos em que a nulidade do matrimônio for sustentada por argumentos particularmente evidentes.
5. *O apelo à Sé Metropolitana:* este ofício da província eclesiástica é um sinal distintivo da sinodalidade na Igreja.
6. *A missão própria das Conferências Episcopais:* considerando o afã apostólico de alcançar os fiéis dispersos, elas devem sentir o dever de compartilhar a "conversão" e respeitarem absolutamente o direito dos bispos de organizar a autoridade judicial na

própria Igreja particular. Outro ponto é a gratuidade dos processos, porque "a Igreja, mostrando-se mãe generosa, ligada estritamente à salvação das almas, manifesta o amor gratuito de Cristo, por quem fomos todos salvos".

7. *O apelo à Sé Apostólica:* será mantido o apelo à Rota Romana, no respeito do antigo princípio jurídico de vínculo entre a Sé de Pedro e as Igrejas particulares.
8. *Previsões para as Igrejas Orientais:* considerando seu peculiar ordenamento eclesial e disciplinar, foram emanadas separadamente as normas para a reforma dos processos matrimoniais no Código dos Cânones das Igrejas Orientais.

Maria, Mãe das famílias

Por vontade do Papa Francisco, ambos os *Motu proprios* trazem a data de 15 de agosto, data na qual a Igreja celebra a Solenidade da Assunção de Maria, e foram apresentados no dia 8 de setembro, outra data mariana da Festa da Natividade da Virgem.

No claro desejo do Santo Padre de confiar a Nossa Senhora esta questão tão delicada, escolheu-se o dia 8 de dezembro, Solenidade da Imaculada Conceição, para as novas regras entrarem em vigor.

PROCESSO DE NULIDADE DA SOBRINHA DO PAPA FRANCISCO DUROU QUATRO ANOS

Papa Francisco sentiu na pele o drama da espera do processo de nulidade matrimonial. A sobrinha dele, Maria Inês Narvaja, declarou em entrevista recente o interesse do tio Jorge Mario Bergoglio por sua situação matrimonial: "Depois de quatro anos, tramitava pela Igreja a nulidade, mas a sentença não chegava. Então tive de esperar esses quatro anos. Durante todo esse tempo, ele foi como um grande pai para mim, e sou imensamente grata por isso."

Maria Inês relatou duas características de Papa Francisco que nos ajudam a entender esta medida:

> Meu tio tem duas coisas: primeiro, uma memória impressionante; segundo, uma capacidade muito grande de ouvir sem julgar. Ele nunca vai dizer o que você "tem" que fazer. Lembro-me de quando lhe contei que não poderia esperar pelo casamento na Igreja, porque eu já tinha certa idade, e que me casaria pelo civil.

TOLERÂNCIA ZERO CONTRA A CORRUPÇÃO

Em maio de 2014, Papa Francisco voltou a surpreender a todos com duas novas histórias, ao relatar o trabalho do tribunal interdiocesano de Buenos Aires:

> Não me lembro direito, mas acho que em primeira instância tem quinze dioceses; acho que a mais distante está a 240 km... Não se pode, é impossível imaginar que as pessoas simples e comuns poderão ir até o tribunal: elas precisariam fazer uma viagem, perder dias de trabalho, muitas coisas. Então concluem: "Deus me entende, então continuarei assim, com este peso na alma".

Diante disso, o Papa concluiu que a Mãe Igreja precisa fazer justiça e dizer: "Sim, é verdade, seu casamento é nulo" ou "Não, seu casamento é válido". Assim, as pessoas podem tocar sua vida sem esta dúvida, sem esta grande sombra na alma.

> É preciso estar muito atentos para que os procedimentos não entrem no campo dos negócios. Não falo de coisas incomuns, não. Houve muitos escândalos públicos. Eu precisei demitir uma pessoa do tribunal, faz tempo, pois essa pessoa dizia: "Me dê dez mil dólares e farei os dois procedimentos para você, o civil e o eclesiástico". Por favor, nada disso!

Família, comunidade humana e insubstituível[75]

E a própria família ou o lugar de trabalho podem ser também o tal ambiente árido, onde há que conservar a fé e procurar irradiá-la. Mas "é precisamente a partir da experiência deste deserto, deste vazio, que podemos redescobrir a alegria de crer, a sua importância vital para nós, homens e mulheres. No deserto, é possível redescobrir o valor daquilo que é essencial para a vida; assim sendo, no mundo de hoje, há inúmeros sinais da sede de Deus, do sentido último da vida, ainda que muitas vezes expressos implícita ou negativamente. E, no deserto, existe, sobretudo, a necessidade de pessoas de fé que, com suas próprias vidas, indiquem o caminho para a Terra Prometida, mantendo, assim, viva a esperança". Em todo o caso, lá somos chamados a ser pessoas-cântaro para dar de beber aos outros. Às vezes, o cântaro transforma-se numa pesada cruz, mas foi

[75] Audiência Geral – 16 de setembro de 2015.

> *precisamente na Cruz que o Senhor, trespassado, Se nos entregou como fonte de água viva. Não deixemos que nos roubem a esperança!*[76]

Ao concluir esse ciclo de catequeses, Papa Francisco afirmou que a família é a base da cultura mundial que nos salva de ataques, destruições e colonizações ideológicas e do dinheiro.

O Santo Padre reafirmou a aliança que o Senhor confiou à família e cuja identidade da comunidade conjugal-familiar do homem e da mulher é a gramática gerativa. Deus confiou à família não o cuidado de uma intimidade fim em si mesma, mas o projeto de tornar "doméstico" o mundo.

Papa Francisco critica o atual cenário mundial, o qual é dominado por uma "tecnocracia econômica", colocando, assim, o dinheiro acima das pessoas.

Família: comunidade humana fundamental, universal e estratégica

Diante dessa realidade, é necessário que o homem e a mulher assumam a aliança feita com Deus. Além de necessária, uma nova aliança do homem e da mulher é "também estratégia para a emancipação dos povos da colonização

[76] Exortação Apostólica *Evangelii Gaudium* do Papa Francisco.

do dinheiro". Esta aliança que coloca a família no centro das decisões deve orientar a política, a economia e a convivência civil. A vida familiar reflete-se na habitação da terra, na transmissão do sentimento da vida, nos vínculos da memória e da esperança.

Família torna o mundo doméstico

Deus confiou à família o emocionante projeto de fazer do mundo um lugar "doméstico", portanto, com mais "cara" de casa. Papa Francisco explica que a família nos defende e está na base para nos salvar de destruições que representam uma ameaça para o mundo. Essa presença do mal demonstra a herança deixada pelo pecado original, mas não significa que "somos malditos ou abandonados" em nós mesmos. O ensinamento bíblico afirma: "Porei inimizade entre ti e a mulher, entre a tua descendência e a dela" (Gn 3,15).

Essa exortação é dirigida por Deus à serpente enganadora. Com essas palavras, o Criador marca a mulher com uma barreira de proteção contra o mal. Essa proteção é transmitida a todas as gerações. Podemos recorrer a esse auxílio, se quisermos.

A benção secreta da mulher

A mulher conserva uma benção secreta e especial para se defender do Maligno. O Papa Francisco explica que essa profundidade revela uma "teologia da mulher" que contrasta com os lugares comuns, muitas vezes ofensivos, sobre a mulher que inspira o mal.

Deus não nos abandona ao destino dos pecadores

O Senhor não deixa faltar Sua proteção ao homem e à mulher, mas os veste de túnicas. Papa Francisco ensina que tudo o que acontece entre o homem e a mulher deixa marcas na criação. Em concreto, o pecado original – a rejeição à benção de Deus – adoeceu o mundo. Porém, de acordo com a Bíblia, antes de deixar o Éden, não os deixa "nus ao destino de pecadores". A própria encarnação de Jesus Cristo é sinal desta ternura divina:

> Quando se completou o tempo previsto, Deus enviou seu Filho, nascido de mulher, nascido sujeito à Lei, para resgatar os que eram sujeitos à Lei, e todos recebermos a dignidade de filhos. E a prova de que sois filhos é que Deus enviou aos nossos corações o Espírito do seu Filho, que clama: "Abá, Pai!"[77].

São Paulo nos recorda ainda: "[...] a prova de que Deus nos ama é que Cristo morreu por nós, quando éramos ainda pecadores"[78].

---

[77] Gl 4,4-6.
[78] Rm 5,8.

União do homem e da mulher

"Cristo nasceu de uma mulher", recorda o Santo Padre. Esse gesto representa o carinho de Deus sobre nossas chagas, nossos erros, nossos pecados. Deus nos ama como somos e quer que sigamos em frente neste projeto.

A promessa de proteção e salvação que Deus faz ao homem e à mulher "inclui todos os seres humanos até o fim da história". Caminhamos juntos, portanto, com fé "sob esta benção". Este é o convite do Papa Francisco.

O que Deus quer é nos fazer todos irmãos na vida, em um mundo que nasceu da família e segue em frente com ela, da união do homem e da mulher. "Se tivermos fé suficiente, as famílias dos povos da Terra se reconhecerão nesta benção. Caminhando juntos, sem fazer proselitismo."

O Papa Francisco conclui que a família representa um respiro mundial e corresponde à dimensão universal do cristianismo, mas também de alcance mundial desta comunidade humana fundamental e insubstituível.

Conselhos aos recém-casados

Ao final das audiências gerais, já se tornou um costume o Papa saudar os casais recém-casados. Um momento muito especial para essas pessoas que iniciam uma vida a dois – receber a benção do Santo Padre.

Ao longo do ciclo de catequeses direcionadas às famílias, selecionei conselhos aos novos casais:

Vocês são corajosos, porque hoje requer muita coragem para se casar! São bravos.

Façam a experiência do amor gratuito como é o Amor de Deus pela humanidade.

Que a mansidão dos santos indique a vocês o estilo das relações entre os cônjuges na família.

Que a fortaleza da santidade até o martírio aponte os valores que verdadeiramente valem a pena na vida familiar.

Amem a vida que é sempre sagrada, apesar de marcada por fragilidades e doenças.

Que as obras de misericórdia ajudem vocês a viverem a existência conjugal, abrindo-a à necessidade dos irmãos.

Encontrem na aliança que Cristo assumiu com Sua Igreja a preço de Seu Sangue a base do pacto conjugal de vocês.

Que o incansável apostolado de Santa Teresa D'Ávila os convide a colocar Cristo em sua casa conjugal.

Construam sua família sobre o mesmo amor que uniu José à Virgem Maria.

Desejo de coração que vocês cresçam na generosa disponibilidade em relação ao Senhor, seguindo o exemplo da Virgem Santa.

Coloquem Deus no centro para que sua história conjugal tenha mais amor e mais felicidade.

Vivam o matrimônio em concreta adesão a Cristo e aos ensinamentos do Evangelho.

Vivam o seu amor imitando o Amor Misericordioso de Jesus.

Aprendam com a Virgem Maria a viver o Tempo Pascal, concedendo espaço à escuta da Palavra de Deus e à prática da caridade, vivendo com alegria a pertença à Igreja, à família dos discípulos do Cristo Ressuscitado.

O exemplo de Santa Catarina de Sena e sua força com os poderosos indicam a vocês os valores que verdadeiramente valem a pena na vida familiar.

Que a cruz cotidiana seja a referência de vocês para que a vida familiar seja uma lareira de oração e de recíproca compreensão.

Aprendam a cultivar a devoção à Mãe de Deus, pedindo-lhe para que não falte nunca na casa de vocês o amor e o respeito recíproco.

Que o amor à Eucaristia, nutrido pelos santos, estimule vocês a fundar a família sobre o Amor de Deus.

Que o apostolado de São Felipe Neri nas periferias convide vocês a ajudar os mais frágeis e necessitados da família.

Que a devoção ao Sagrado Coração de Jesus e ao Coração Imaculado de Maria sustente vocês no caminho conjugal.

No caminho que vocês assumiram, busquem a Eucaristia, para que, nutridos de Cristo, sejam famílias cristãs tocadas pelo Amor do Coração de Jesus.

Que o vínculo de São João Batista com o Cordeiro os ajude a unir no amor em família.

Que Santa Maria seja o modelo no caminho conjugal de dedicação e fidelidade.

A exemplo de Santa Clara de Assis, sejam sempre apóstolos do Evangelho do amor.

Que a devoção aos Sagrados Corações de Jesus e de Maria ensine vocês a educar com amor os filhos que o Senhor quiser lhes dar.

Confiemos à intercessão de Santa Mônica, mãe de Santo Agostinho, os recém-casados e os pais cristãos, para que, como Mônica, vocês acompanhem com o exemplo e com a oração o caminho dos filhos.

Que a grandeza moral de São Gregório Magno e seu vínculo com a Igreja os ajudem no fortalecimento da unidade no amor em família.

Que o jesuíta São Pedro Claver, patrono das missões da África, seja modelo para vocês colocarem o amor no centro da nova família.

Vejam em Maria, a Mulher das Dores, o modelo para o caminho conjugal de dedicação e fidelidade.

Referências bibliográficas

ARGEL, Pe. Edward. O dom e o compromisso da fraternidade. Disponível em: <http://www.familiam.org/famiglia_por/igreja/00010245_O_dom_e_o_compromisso_da_fraternidade.html>. Acesso em: 1 ago. 2015.

A revolução sexual no Irã. *Estadão*, São Paulo, 9 jun. 2013. Disponível em: <http://internacional.estadao.com.br/noticias/geral,a-revolucao-sexual-no-ira-imp-,1040416>. Acesso em: 24 jul. 2015.

A vida espiritual. Disponível em: <http://www.jesuitas.pt/A-VIDA-ESPIRITUAL-85.aspx>. Acesso em: 1 jul. 2015.

A vocação dos idosos. Disponível em: <http://www.familiam.org/famiglia_por/igreja/00010339_A_vocacao_dos_idosos.html>. Acesso em: 7 ago. 2015.

CAPUCCI, Renata. Ter o nome do pai na certidão é direito de todo cidadão brasileiro. *G1*, Rio de Janeiro, 24 jul. 2014. Disponível em: <http://g1.globo.com/jornal-hoje/noticia/2014/07/ter-o-nome-do-pai-na-certidao-e-direito-de-todo-cidadao-brasileiro.html>. Acesso em: 1 jul. 2015.

Catechismo della chiesa cattolica. Milano: Edizioni San Paolo; Città del Vaticano: Libreria Editrice Vaticana, 2005.

Catequese do Papa Francisco sobre o Sínodo. 10 dez. 2014. Trad.: Jéssica Marçal. Disponível em: <http://papa.cancaonova.com/catequese-com-o-papa-francisco-sobre-o-sinodo-101214/>. Acesso em: 10 jun. 2015.

Catequese do Papa Francisco sobre o papel das mães. 7 jan. 2015. Trad.: Jéssica Marçal. Disponível em: <http://papa.cancaono-

va.com/catequese-do-papa-francisco-sobre-o-papel-das-maes-070115/>. Acesso em: 10 jun. 2015.

Catequese do Papa sobre sua viagem ao Sri Lanka e Filipinas. 21 jan. 2015. Trad.: Jéssica Marçal. Disponível em: <http://papa.cancaonova.com/catequese-do-papa-sobre-sua-viagem-ao-sri-lanka-e-filipinas/>. Acesso em: 10 jun. 2015.

Catequese do Papa Francisco sobre os pais: ausência paterna. 28 jan. 2015. Trad.: Jéssica Marçal. Disponível em: <http://papa.cancaonova.com/catequese-do-papa-sobre-os-pais-ausencia-paterna/>. Acesso em: 1 jul. 2015.

Catequese do Papa Francisco: "filhos são dons". 11 fev. 2015. Trad.: Jéssica Marçal. Disponível em: <http://papa.cancaonova.com/catequese-com-o-papa-francisco-filhos-sao-dons/>. Acesso em: 1 jul. 2015.

Catequese do Papa Francisco sobre os irmãos. 18 fev. 2015. Trad.: Jéssica Marçal. Disponível em: <http://papa.cancaonova.com/catequese-do-papa-francisco-sobre-os-irmaos-180215/>. Acesso em: 1 ago. 2015.

Catequese do Papa Francisco: atual situação dos idosos. 4 mar. 2015. Trad.: Jéssica Marçal. Disponível em: <http://papa.cancaonova.com/catequese-do-papa-francisco-atual-situacao-dos-idosos/>. Acesso em: 1 ago. 2015.

Catequese do Papa Francisco: valor e missão dos idosos. 11 mar. 2015. Trad.: Jéssica Marçal. Disponível em: <http://papa.cancaonova.com/catequese-do-papa-francisco-valor-e-missao-dos-idosos/>. Acesso em: 7 ago. 2015.

Catequese do Papa Francisco: crianças, dom da humanidade. 18 mar. 2015. Trad.: Jéssica Marçal. Disponível em: <http://papa.cancaonova.com/catequese-do-papa-francisco-criancas-dom-para-a-humanidade/>. Acesso em: 7 ago. 2015.

Catequese do Papa Francisco. 25 mar. 2015. Trad.: Jéssica Marçal. Disponível em: <http://papa.cancaonova.com/catequese-com-o-papa-francisco-250315/>. Acesso em: 7 ago. 2015.

Catequese do Papa Francisco sobre o sofrimento das crianças. 8 abr. 2015. Trad.: Jéssica Marçal. Disponível em: <http://papa.cancaonova.com/catequese-do-papa-sobre-o-sofrimento-das-criancas/>. Acesso em: 8 abr. 2015.

Catequese do Papa Francisco. 15 abr. 2015. Trad.: Jéssica Marçal. Disponível em: <http://papa.cancaonova.com/catequese-do-papa-francisco-150414/>. Acesso em: 15 abr. 2015.

Catequese do Papa Francisco. 22 abr. 2015. Trad.: Jéssica Marçal. Disponível em: <http://papa.cancaonova.com/catequese-do-papa-francisco-220415/>. Acesso em: 22 abr. 2015.

Catequese do Papa Francisco sobre o matrimônio. 29 abr. 2015. Trad.: Jéssica Marçal. Disponível em: <http://papa.cancaonova.com/catequese-do-papa-francisco-sobre-o-matrimonio-290415/>. Acesso em: 29 abr. 2015.

Catequese do Papa Francisco sobre a beleza do matrimônio. 6 maio 2015. Trad.: Jéssica Marçal. Disponível em: <http://papa.cancaonova.com/catequese-do-papa-sobre-a-beleza-do-matrimonio-060515/>. Acesso em: 6 maio 2015.

Catequese do Papa Francisco: três palavras para a paz na família. 13 maio 2015. Trad.: Jéssica Marçal. Disponível em: <http://papa.cancaonova.com/catequese-do-papa-tres-palavras-para-a-paz-na-familia/>. Acesso em: 13 maio 2015.

Catequese do Papa Francisco sobre a educação dos filhos. 20 maio 2015. Trad.: Jéssica Marçal. Disponível em: <http://papa.cancaonova.com/catequese-do-papa-sobre-a-educacao-dos-filhos-200515/>. Acesso em: 20 maio 2015.

Catequese do Papa Francisco sobre o noivado. 27 maio 2015. Trad.: Jéssica Marçal. Disponível em: <http://papa.cancaonova.com/catequese-do-papafrancisco-sobre-o-noivado-270515/>. Acesso em: 27 maio 2015.

Catequese do Papa Francisco: misérias sociais que afetam as famílias. 3 jun. 2015. Trad.: Jéssica Marçal. Disponível em: <http://papa.cancaonova.com/catequese-do-papa-miserias-sociais-que-afetam-as-familias/>. Acesso em: 3 jun. 2015.

Catequese do Papa Francisco sobre casais de segunda união. 5 ago. 2015. Trad.: Jéssica Marçal. Disponível em: <http://papa.cancaonova.com/catequese-do-papa-francisco-sobre-casais-de-segunda-uniao/>. Acesso em: 5 ago. 2015.

Catequese do Papa Francisco sobre a festa na família. 12 ago. 2015. Trad.: Jéssica Marçal. Disponível em: <http://papa.cancaonova.com/catequese-do-papa-sobre-a-festa-na-familia-120815/>. Acesso em: 12 ago. 2015.

Catequese do Papa Francisco sobre o trabalho e a família. 19 ago. 2015. Trad.: Jéssica Marçal. Disponível em: <http://papa.cancaonova.com/catequese-do-papa-francisco-sobre-o-trabalho-e-a-familia/>. Acesso em: 19 ago. 2015.

Catequese do Papa Francisco sobre a oração na família. 26 ago. 2015. Trad.: Jéssica Marçal. Disponível em: <http://papa.cancaonova.com/catequese-do-papa-francisco-sobre-a-oracao-na-familia/>. Acesso em: 26 ago. 2015.

Dados sobre o envelhecimento no Brasil. Disponível em: <http://www.sdh.gov.br/assuntos/pessoa-idosa/dados-estatisticos/DadossobreoenvelhecimentonoBrasil.pdf>. Acesso em: 1 ago. 2015.

DI FRANCO, Carlos Alberto. Juventude ameaçada. *Estadão*, São Paulo, 20 jul. 2015. Disponível em: <http://opiniao.estadao.com.br/noticias/geral,juventude-ameacada,1728230>. Acesso em: 24 jul. 2015.

EMERY, Robert E. Como os pais divorciados perderam seus direitos. *Estadão*, São Paulo, 19 set. 2014. Disponível em: <http://vida-estilo.estadao.com.br/noticias/comportamento,como-os-pais-divorciados-perderam-seus-direitos,1563157>. Acesso em: 24 jul. 2015.

FELIX, Paula. 90% dos brasileiros têm medo do envelhecimento, diz pesquisa. *O Estado de São Paulo*, São Paulo, 30 jul. 2015. Disponível em: <http://noticias.uol.com.br/saude/ultimas-noticias/estado/2015/07/30/90-dos-brasileiros-tem-medo-do-envelhecimento-diz-pesquisa.htm>. Acesso em: 7 ago. 2015.

Fidanzati, sposi, separati riuniti... le testimonianze alla Veglia del Papa. Disponível em: <http://www.avvenire.it/Chiesa/Pagine/testimonianza-famigli-alla-veglia-del-papa.aspx>. Acesso em: 7 ago. 2015.

Idosos partilham a Palavra e testemunhos na Praça São Pedro. Disponível em: <http://noticias.cancaonova.com/idosos-partilham-a-palavra-e-testemunhos-na-praca-sao-pedro/>. Acesso em: 7 ago. 2015.

JOÃO PAULO II. Carta Encíclica Evangelium Vitae, 1995. Disponível em: <http://w2.vatican.va/content/john-paul-ii/pt/encyclicals/documents/hf_jp-ii_enc_25031995_evangelium-vitae.html>. Acesso em: 7 ago. 2015.

Jovens evitam gasto com casamentos na Itália. *Estadão*, São Paulo, 4 jan. 2015. Disponível em: <http://economia.estadao.com.br/noticias/geral,jovens-evitam-gasto-com-casamentos-na-italia-imp-,1615210>. Acesso em: 24 jul. 2015.

Na catequese, Papa destaca o papel das mães na família. Trad.: Jéssica Marçal. Disponível em: <http://papa.cancaonova.com/na-catequese-papa-destaca-o-papel-das-maes-na-familia/>. Acesso em: 10 jun. 2015.

Na saúde e na doença: as pessoas casadas são realmente mais satisfeitas, mostra estudo. *Estadão PME*, 13 jan. 2015. Disponível em: <http://pme.estadao.com.br/noticias/noticias,na-saude-e-na-doenca-as-pessoas-casadas-sao-realmente-mais-satisfeitas--mostra-estudo,5322,0.htm>. Acesso em: 24 jul. 2015.

Papa, aereo: trascrizione integrale del testo. 19 jan. 2015. Disponível em: <http://it.radiovaticana.va/news/2015/01/19/papa,_aereo_trascrizione_integrale_del_testo/1119009>. Acesso em: 16 jun. 2015.

PAPA FRANCISCO. Audiência Geral. 4 fev. 2015. Disponível em: < https://w2.vatican.va/content/francesco/pt/audiences/2015/documents/papa-francesco_20150204_udienza-generale.html>. Acesso em: 30 out. 2015.

______. Audiência Geral. 4 mar. 2015. Disponível em: <https://w2.vatican.va/content/francesco/pt/audiences/2015/documents/papa-francesco_20150304_udienza-generale.html>. Acesso em: 30 out. 2015.

______. Audiência Geral. 2 set. 2015. Disponível em: <http://w2.vatican.va/content/francesco/pt/audiences/2015/documents/papa-francesco_20150902_udienza-generale.html>. Acesso em: 2 set. 2015.

______. Audiência Geral. 9 set. 2015. Disponível em: <http://w2.vatican.va/content/francesco/it/audiences/2015/documents/papa-francesco_20150909_udienza-generale.html>. Acesso em: 9 set. 2015.

______. Audiência Geral. 16 set. 2015. Disponível em: <http://w2.vatican.va/content/francesco/it/audiences/2015/documents/papa-francesco_20150916_udienza-generale.html>. Acesso em: 16 set. 2015.

______. Carta apostólica sob a forma de Motu Proprio – Mitis iudex Dominus Iesus – para causas de declaração de nulidade de matrimônio no Código de Direito Canônico. Disponível em: <https://w2.vatican.va/content/francesco/pt/motu_proprio/documents/papa-francesco-motu-proprio_20150815_mitis-iudex-dominus-iesus.html>. Acesso em: 30 out. 2015.

______. Conferência de imprensa no voo de Manila a Roma. Disponível em: <http://w2.vatican.va/content/francesco/pt/speeches/2015/january/documents/papa-francesco_20150119_srilanka-filippine-conferenza-stampa.html>. Acesso em: 16 jun. 2015.

______. Evangelii Gaudium. Disponível em: <http://w2.vatican.va/content/francesco/pt/apost_exhortations/documents/papa-francesco_esortazione-ap_20131124_evangelii-gaudium.html>. Acesso em: 16 set. 2015.

Papa Francisco e 5 “causos” sobre os idosos. *Aleteia*, 27 fev. 2015. Disponível em: <http://www.aleteia.org/pt/sociedade/artigo/papa-francisco-e-5-causos-sobre-os-idosos-5785301624553472>. Acesso em: 7 ago. 2015.

PENNAFORT, Roberta. IBGE: brasileiros casam mais vezes e uniões duram menos. *Estadão*, São Paulo, 20 dez. 2013. Disponível em: <http://www.estadao.com.br/noticias/geral,ibge-brasileiro-casa-mais-vezes-e-unioes-duram-menos,1110964>. Acesso em: 24 jul. 2015.

PONT. CONS. PARA A FAMÍLIA. *Gli insegnamenti di J. M. Bergoglio – Papa Francesco sulla famiglia e sulla vita 1999-2014*. Città del Vaticano: LEV, 2014.

Que as famílias não percam a capacidade de sonhar, diz Papa. Trad.: Jéssica Marçal. Disponível em: <http://papa.cancaonova.com/que-as-familias-nao-percam-a-capacidade-de-sonhar-diz-papa>. Acesso em: 10 jun. 2015.

SCHETTINO, Maria Cecília. O valor da brincadeira. *UOL*. Disponível em: <http://guiadobebe.uol.com.br/o-valor-da-brincadeira/>. Acesso em: 28 jul. 2015.

SILVA, Walter Sánchez. Papa Francisco celebra encontro de idosos e avós no Vaticano e pede para lutar contra a cultura do descarte. Disponível em: <http://www.acidigital.com/noticias/papa-francisco-celebra-encontro-de-idosos-e-avos-no-vaticano-e-pede-lutar-contra-a-cultura-do-descarte-58069/>. Acesso em: 7 ago. 2015.

TERRA, Dom João Evangelista. O Dever de Sentar-se. Brasília, 2004. Disponível em: <http://www.ens.org.br/novo/carta-mensal/200402/33>. Acesso em: 21 ago. 2015.

TOSTA, Wilson. Número de divórcios cresce 45,6% após emenda que simplifica processo. *Estadão*, São Paulo, 18 dez. 2012. Disponível em: <http://www.estadao.com.br/noticias/geral,numero-de-divorcios-cresce-45-6-apos-emenda-que-simplifica-processo-imp-,974919>. Acesso em: 1 jul. 2015.

Um grande dom. Disponível em: <http://www.familiam.org/famiglia_por/igreja/00010385_Um_grande_dom.html>. Acesso em: 7 ago. 2015.

Gráfica Allcor. Março de 2017.